Primera edición: Avilés, febrero de 2019

ISBN: 9781091728332

Índice

Para todas las Mujeres Verdaderas de mi vida.

Para ti, Buelita, tenías tanta sabiduría y no supe darte el amor que merecías en vida.

Para mi tía Carmina, mujer fuerte y extraordinaria como pocas.

Para Paz, mi admiración hacia ti siempre ha sido pública y notoria, cada día más.

Para " yeya", gracias por tu ayuda y Amor a mi hija.

Para Grethel, mi mejor amiga en momentos turbulentos. No has entendido este mi último sueño pero mi Amor por ti permanece inalterable. Era y es sincero y profundo.

Para Loli, Elena, Ana, todas las Carmen de mi vida que hay muchas y todas esas mujeres que habéis estado en mi vida. Vanesa, Vevi, Inma y un largo etcétera de Amor.

Y, sobre todo y especialmente, para ti Mamá, la mujer más valiente y humilde que he conocido jamás.
Deseo que ahora entiendas todos mis tropiezos y puedas sentirte también orgullosa de mí.

Os Amo.
Rocío.

Hay un día en tu vida....

en que el sufrimiento, tu compañero de viaje por mucho tiempo, el dolor, tu amigo inseparable, parecen insoportables pero van de la mano contigo allá donde vayas, ya forman parte de ti.

Ese día, que unos llaman "punto de quiebre" y yo lo llamo "basta ya", después de una ruptura, la pérdida de un familiar, de un trabajo, una larga enfermedad o lo que sea....

Ese día una frase, una canción, un libro, despiertan en ti "un porqué" y un "para qué" que permanecían anestesiados y descubres que la vida está pasando para ti y que si tú cambias, todo cambia mágicamente a tu alrededor.

Ese día te vuelves sorprendentemente poderoso, ese día cambias el dolor por esperanza, el sufrimiento por aceptación y gratitud y te haces dueño de tu destino.

Ese día empiezas a crecer...

Rocío Sánchez García.

Advertencia para ti que eres hombre

Querida lectora, Amado lector, inicié esta Trilogía con nombre de mujer, dirigiéndome a ti así, hablándote como si fueses una Mujer.

No fue una decisión fácil, una de mis mayores defensas es la igualdad de género, no creo en la diferencia del ser humano por razón de sexo más allá de nuestras características físicas y determinadas peculiaridades a nivel cerebral, programas mentales adquiridos ya mucho antes de nacer.

No creo en la inferioridad de la mujer en esta época y sociedad que afortunadamente nos ha tocado vivir, creo con más fuerza cada día en un mundo de oportunidades infinitas para todos, con independencia de género, nacionalidad o estatus social.

Y dudé....

¿Estaba inclinando la balanza hacia lo femenino al dirigirme a ti así, impediría que el mensaje de mis libros llegase al público masculino?

Me contesté que si quería ser genuina y auténtica no podía separar de mí esa esencia y visión femenina.

Soy mujer y por eso me dirijo a ti a lo largo de todas las páginas así, me resultaba demasiada espesa para el lector o la lectora una lectura aludiendo continuamente a hombres y mujeres.

Por favor, entiende que cuando me refiero a ti como mujer quiero decir "perfecta creación humana", independiente de que seas hombre o mujer y como hombre tendrás que hacer el pequeño esfuerzo mental de llevarlo a tu terreno, las mujeres lo hemos hecho durante siglos.

Gracias, gracias, gracias.

Eres Amor. Te Amo.

Rocío Sánchez García

Te estaba esperando, sabía que eres ese tipo de personas que no se pone límites, que ve en cada obstáculo su mayor oportunidad para impulsarse y seguir creciendo.

Eres del tipo de mujeres que sabe que llegar a la cima no es fácil, no es para todos, requiere mucho esfuerzo, disciplina, entrenamiento y Fe.

Una Fe inquebrantable porque muchos te aplaudirán cuando llegues arriba pero más aún te han criticado y animado a que abandonases.

Unos por amor, no querían verte sufrir y otros tantos por temor a que les demostrases que sí es posible, que eso que ellos desearían hacer o tener se puede lograr, está al alcance de todos pero tienen miedo o no están dispuestos a pagar el precio que tú has pagado.

Y tú, pequeña gran valiente, no sólo llegas sino que buscas una cima más alta.

Por qué y para quién

Si has leído mis anteriores libros ***"Quien es la Otra?"*** y ***"Ahora Tú"*** sabrás que éste que recién inicias, ***"Verdader@"***, pone el broche de oro a una trilogía específicamente dedicada a comprender y superar determinadas relaciones de pareja tormentosas a partir de mi experiencia y los estudios que realicé para entender el comportamiento humano en a este tipo de relaciones.

Y lo más importante, cómo sólo desde ese entendimiento profundo puedes convertir esa terrible etapa en un maravilloso aprendizaje y una oportunidad única para transformar tu vida y reconducirla al estilo y lugar que siempre soñaste.

Porque ha sido ahí en tu más profundo dolor, herida, frustrada, cuando entendiste que sólo había dos opciones: resignarte y mantenerte en tu aflicción o resurgir con más fuerza que nunca dispuesta a cambiar tu vida para siempre.

Como Mujer Sabia has escogido la segunda.

Esa tremenda experiencia que un día te llevó al desgarro del dolor fue la que te obligó a buscar dentro de ti las respuestas y ha abierto tu camino mágicamente hacia un mundo que muy posiblemente no alcanzases a imaginar.

Un buen día sí lo soñaste y lo creaste para ti, pero quedó en el olvido en aquel momento oscuro en el que no alcanzabas a ver la luz.

Hoy sí, hoy has entendido que todos desarrollamos a lo largo de nuestra vida diferentes tipos de personalidad fruto de heridas emocionales que arrastramos desde nuestra más tierna infancia.

Esas heridas sumadas a nuestras creencias adquiridas en torno al concepto del amor nos conducen a relacionarnos sentimentalmente desde la carencia y la dependencia afectiva y emocional con los demás en más ocasiones de las que realmente deseásemos.

También has comprendido e interiorizado que todas esas experiencias negativas en las que hemos sufrido por amor no son más que oportunidades de crecimiento, de aprendizaje a través del profundo dolor, que nos brinda la vida para que sanemos esas viejas heridas y aprendamos a buscar el amor dentro de nosotros, evitando así sentirnos solos y no amados nunca más.

Además, que desde ahí, desde un inmenso y sincero

amor a nosotros mismos, libres de carencias y necesidades por cubrir, ya completos, entendamos nuestra vida como un viaje maravilloso en el que tener pareja o no sea una decisión propia, no forzada por los roles sociales actuales.

Y que esa persona con la que decidamos compartir un parte importantísima de nuestra vida, tu cama, tu casa, tus alegrías, tus penas, sea fruto de una elección libre y sana.

Una persona que sume valor a nuestra experiencia vital y nos permita seguir con nuestro crecimiento y evolución personal a través de un aprendizaje bilateral, en el que el otro hace de espejo de aquello que aún tenemos que aprender, esta vez juntos.

Por ello, cuánto más Amor hayas conseguido crear y sentir dentro de ti,

Cuánto más te valores, conozcas, aceptes y respetes,

Más amor, respeto y valor recibirás en el reflejo de esa persona que has seleccionado como pareja o compañero de camino, que aunque aún no la conoces está deseando conocerte, existe para ti.

Era mi propósito en los anteriores libros, encaminarte a que te Enamorases de Ti, te amases, te respetases, te admirases más que a nada en el mundo y por lo que algunas ya me vais contando juntas lo hemos conseguido.

En algún momento de este viaje que hemos recorrido, si no has leído los anteriores libros te invito a que lo hagas antes de iniciar éste, llegué a imaginarme en más de una ocasión que mi proceso de duelo estaba ya superado.

Había crecido como nunca en autoestima, seguridad y auto amor.

También, que todas aquellas heridas y creencias limitantes adquiridas ya estaban sanadas y que bien podría ser el inicio de un precioso romance desde una madurez y amor propio que jamás había sentido y que incluso podía haber llegado el momento en que la vida me pusiese delante la persona adecuada para mí.

Llegué a imaginar que en ***"Verdader@"***, culminación a ese proceso interno de sanación, podría plasmarte cómo se construye y desarrolla una vida de pareja ideal desde mi propia experiencia.

Me permitía creer que sería el cierre ideal a esta trilogía, demostrarte cómo a través de la superación del duelo adecuadamente y aplicando los recursos que se recogen en ***"Ahora Tú"*** y ***"Quien es la otra?"*** había conocido a esa persona maravillosa que estando en mi mismo nivel de crecimiento y evolución me acompañaría en esta parte del camino para añadir contenido a mi historia de vida y compartirla contigo.

Sin embargo, el Universo, Dios, la Energía que nos mueve, como quieras llamarlo, tan sabio y experto relojero del engranaje del tiempo sabe que desde mi soltería puedo acercarme aún más a ti en este momento, profundizar aún más en nosotras mismas y transformarnos en Auténticas Mujeres Verdaderas.

Obtener e interiorizar más actitudes y conocimientos de nosotras mismas que nos permitan, sólo si así lo deseamos, atraer a nuestra vida a una persona muchísimo más acorde al nivel de transformación que vamos a alcanzar cuando terminemos esta lectura.

Así lo he entendido y lo agradezco para mí y para ti, la persona correcta llegará a tu vida cuando tú te conviertas en esa persona que mereces y por supuesto, no vamos a poner límites en convertirnos en la mejor persona que podamos llegar a ser.

¿ESTÁS PREPARADA?

¿SIENTES EL VÉRTIGO?

¿ALCANZAS A IMAGINAR TU MEJOR VIDA?

No, no estás preparada para lo que llega, nos prepararemos juntas a lo largo del camino.

Lo importante no es sólo la meta, es disfrutar el recorrido.

Puede suceder que este ejemplar haya llegado a ti por causalidad, no creas que ha sido casualidad.

Desconocías los anteriores volúmenes o no eran temas que necesariamente fuesen contigo.

Ya hace mucho tiempo superaste una ruptura sentimental y nunca te has visto envuelta en una relación en la que fueseis más de dos y has seleccionado éste porque alguien te lo ha recomendado o alguna fuerza superior te ha traído hasta él.

Enhorabuena y Gracias, gracias por tu confianza y sobre todo, por tu tiempo.

Está especialmente escrito para ti, que llevas ya una bonito período de tu vida disfrutando de tu única compañía, conociéndote, aprendiendo a amarte, disfrutando de las ventajas de la vida sin pareja, decidiendo por y para ti, llenando tus vacíos y tu rutina diaria a tu antojo y por supuesto, alejada del sufrimiento que conlleva una mala relación o una ruptura sentimental.

Escrito para ti que has aprendido y valorado la experiencia de vivir sola pero que empiezas a sentir en tu interior que esa armonía y plenitud que te inunda bien podía ser compartida con la persona que el Universo ha reservado para ti, esa persona especial que va a sumar felicidad y entusiasmo al que ya tienes tú adquirido en este momento de tu vida.

Has llenado tu depósito de amor propio y sabes certeramente que no vas a desperdiciar todo tu aprendizaje y sabiduría adquirido muy posiblemente a base de desengaños, decepciones y desilusiones, con el primero que pique a tu puerta o se cruce en tu camino.

Has superado demasiados obstáculos y crecido lo suficiente como para desperdiciar tu tiempo y esfuerzo en relaciones o personas que resten riqueza a tus logros y tu plenitud actual.

No, tú ya sabes lo que quieres y cómo conseguirlo, yo sólo voy a ayudarte a sacar a la luz todas esos anhelos y deseos que guardas dentro de ti.

Esos que internamente todos poseemos pero que a veces nos olvidamos de escuchar o simplemente nos dejamos llevar por una aparente y falsa humildad.

Tratamos de justificarnos y nos decimos que eso que deseamos no es posible para nosotros, quizá para otros sí, pero no para nosotros, no para ti ni para mí.

Párate y lee y relee hasta que no dudes:

"Tú eres la criatura más valiosa que existe en el Universo, única e irrepetible creación, no existe ni ha existido ni existirá nadie igual a ti y estás aquí, en este momento porque ha sido especialmente diseñado y seleccionado para ti".

Entonces ¿QUÉ TE PUEDE EMPUJAR A PENSAR QUE NO MERECES LO MEJOR?

¿QUIÉN TE HA DICHO QUE TIENES QUE CONFORMARTE CON MENOS DE LO QUE DESEAS?

¿EN QUÉ MOMENTO DECIDISTE QUE NO ERAS CAPAZ, CORTASTE TUS ALAS?

¿QUÉ TE SUCEDIÓ QUE TE OBLIGASTE A DEJAR DE SOÑAR CON UNA VIDA MEJOR TAMBIÉN ERA POSIBLE PARA TI?

Acaso no te ha sucedido alguna vez que pensabas que no lograrías algo que te resultaba muy difícil o costoso y pusiste todo tu empeño y lo conseguiste.

Un parte de ti decía que no lo lograrías pero continuaste, no abandonaste y tu Poder Interno, tú, fue quien te empujó a alcanzarlo. No fue la suerte, no fue la casualidad, fuiste tú.

Fuiste merecedora de ello y lo lograste aunque fuese aparentemente imposible, hiciste visible lo invisible.

La vida, el Universo, Dios, quien tú quieras, nos da continuamente señales de que aquello que queremos es posible para nosotros, continuamente.

Nosotros lo creamos en nuestra mente, pero no siempre sabemos entender esas señales como lo que son, manifestaciones de nuestros pensamientos, de nuestros deseos acompañados de la necesaria acción por nuestra parte para que se materialicen.

Piensa, párate y recuerda esa última vez que deseabas con toda tu fuerza que algo sucediese y así fue, eliminaste el resto de opciones y posibilidades y aquello que querías para ti te fue concedido.

No es suerte, no es casualidad, es tu Poder de Manifestación reside en ti, no busques fuera lo que ya tienes dentro, atrévete a mirar dentro de ti.

"Tú eres la criatura más valiosa que existe en el Universo, única e irrepetible creación, no existe ni ha existido ni existirá nadie igual a ti y estás aquí, en este momento porque ha sido especialmente diseñado y seleccionado para ti".

Eres merecedora de todo lo que desees, tú eres VERDADERA.

Eres:

VALIENTE

te atreves a enfrentarte a cambios, a los obstáculos, los abrazas, los esperas, sabes que son la señal de ir por buen camino.

EXTRAORDINARIA

quieres algo más en tu vida, un extra, que aporte valor superior a tu existencia.

RIQUEZA

has reconocido un potencial innato dentro de ti, un poder interno de incalculable valor.

DIFERENTE

te atreves a destacar entre los demás, tú no quieres ser una más.

AFORTUNADA

has captado el mensaje disponible para todos, pero que sólo unos privilegiados atienden.

DIGNA

eres merecedora de todo aquello que te propongas conseguir.

EJEMPLAR

muchos te admirarán por tus logros y les inspirarás, querrán imitarte y obtener lo que tú consigas.

RESISTENTE

no te vas a rendir ante las adversidades, vas a afrontar los contratiempos y conseguir tus objetivos.

AUTÉNTICA

eres realmente lo que dices que eres y que vas a ser.

Lo que desconocías de ti es que….

¡¡VERDAD/ERA!!....ya eras Valiente, ya eras Extraordinaria, ya eras Riqueza, ya eras Diferente, ya eras Afortunada, ya eras Digna, esos valores ya estaban en ti, has nacido con ellos, ahora juntas vamos a despertarlos.

Para las que habéis leído volúmenes anteriores, quizá pueda pareceros que algunos temas ya han sido tratados con anterioridad. Los pasaré de puntillas o intentaré darles otro enfoque.

En todo caso, recuerda que no eres la misma persona que leía aquellos libros.

Si lo has hecho bien tu vibración ha cambiado y tu cerebro puede captar ahora determinadas cuestiones importantes para ti que en aquel momento pudieron pasar inadvertidas.

Tu estado de consciencia estará ahora orientado en otro foco y activará tu sistema activador reticular ascendente, que es esa parte de nuestro cerebro que se pone alerta y funciona cuando centra su atención en lo que realmente quieres, en tu momento actual, ahora volverá a estar centrado en ti.

Y para las que no habéis leído ***Ahora Tú,*** deciros que en él se desarrollan temas muy valiosos para potenciar nuestro autoestima y amor propio y encontrarás muchas respuestas a tus fracasos sentimentales.

Aunque tu ruptura haya quedado atrás en el tiempo es fundamental un análisis profundo desde otra perspectiva para que no queden secuelas, entiendas el verdadero porqué de las relaciones y las rupturas amorosas y la próxima sea mucho más saludable y ¿por qué no decirlo? extraordinaria.

Tu grupo de otras y verdaderas

¿Te has unido ya al *Grupo de Otr@sy Verdader@s*? No lo pienses y hazlo, compartirás testimonios y experiencias con otras Mujeres y Hombres como tú, que no se conforman con la que nos han contado qué es la vida hasta ahora, que quieren construir la suya propia, que tienen sueños, metas que van a cumplir, que no desean una pareja porque lo imponga la sociedad y no estar solos.

No, ellos como tú quieren conocerse a sí mismos para desde ahí y con toda la información exterior y herramientas necesarias empezar a construir su propia vida, la que siempre soñaron y no se atrevían a crear.

Sube si lo deseas tu foto con el libro al Grupo, siempre os pido que os hagáis una foto con él antes de empezar a leerlo y al finalizarlo, son sorprendentes los cambios en vuestros rostros.

En el Grupo generareis una unión y sincronización única, podéis proponeros retos, compartir vuestros avances y éxitos, apoyaros en los momentos más delicados, aunque siempre positivos.

La alegría, el crecimiento, la felicidad se contagia, la buena vibración se expande a través de miles de kilómetros, no hay distancia que pueda impedir que dos corazones que vibran juntos en la misma frecuencia del Amor latan al unísono.

Mis mejores amig@s y experiencias han surgido a partir de estos grupos, la vibración es tan alta, el punto de unión es el mismo, tenéis un objetivo común: el Amor al mundo y a vosotros mismos.

Gracias por estar en mi vida.

Eres Amor. Te Amo.

Rocío Sánchez García.

Foto con el libro.

Pero, ¿quién soy?

Si acabas de conocerme, te contaré brevemente un poquito de mi paso por esta vida y comprobarás que una buena relación con los hombres siempre ha sido mi asignatura pendiente.

Ello me ha llevado a admirar las relaciones maravillosas y extraordinarias de otras personas y a desear construir la más genuina y auténtica para mí y compartirlo contigo en este momento.

Mi infancia, nací ya hace 45 años, fue distinta a la de otras niñas y niños de la época.

Cuando tenía apenas cuatro años mi madre tomó la valiente decisión de separarse de nuestro padre y era algo que no sucedía habitualmente en aquella época, no fue hasta 1981 cuando se aprobó la ley de divorcio en España, después de 45 años sin ley que lo permitiese.

La sociedad de ese momento, al menos en los círculos donde yo me movía, el colegio, el barrio, otras familias, la televisión, aún crecía al amparo de la idea tradicional de familia y parecía obligado en muchas ocasiones advertir que mis padres estaban separados y observar las reacciones contrarias de la gente, profesores y otros padres, por ejemplo.

Podía percibir en ellos cierta lástima y compasión hacia mi situación y la de mis hermanos.

Si añadimos a eso que la situación económica en casa no era boyante ni estable pues mi madre se incorporó al mercado laboral después de quince años dedicada a la familia y sin una profesión fija, podrás imaginarte que la inseguridad y algunas veces la escasez predominaban en mi infancia y adolescencia.

Por supuesto, siempre estuve orgullosa de la labor de mi madre y la he admirado cada día de mi vida más y más.

No había siempre demasiado dinero en casa, otras veces sí, pero derrochaba amor, valor y coraje.

Gracias Mamá por tu entrega y dedicación. Gracias porque mejor no podías haberlo hecho.

Mi dieciocho cumpleaños, aún en el Instituto, lo celebré por todo lo alto....

¡ESTABA EMBARAZADA!

Dos años de noviazgo adolescente y me enfrento a una de las decisiones más importantes y trascendentales de mi corta vida...

Seguir adelante o abortar.

Recuerdo las palabras de mi profesora de Literatura, consuelo y apoyo junto a mis amigas en aquel momento tan impactante y determinante:

- "Decidas lo que decidas en los próximos días, no volverás a ser la misma, nunca escupirás para arriba".

Todos sabíamos de casos de chicas embarazadas que no habían seguido adelante con su embarazo.

Teníamos a nuestro alcance los medios para interrumpirlo, recién estaban arrancando con auge los programas de Planificación Familiar y fue la primera opción que recibí cuando me confirmaron en uno de esos centros los resultados positivos de mi test de embarazo.

Tres meses después contraía matrimonio con el padre de mi hija y seis años más tarde regresaba separada a casa de mi madre, abandonaba mis estudios de Derecho e iniciaba un nuevo recorrido proporcionándole a mi hija precisamente lo que yo tanto había detestado en mi infancia...

Ser hija de padres separados, inestabilidad económica y crecer alejada de su padre, aunque eso fuese ya voluntad y decisión de él.

Su padre, ausente durante tres años, reapareció e intentamos la reconciliación en busca de la familia perfecta. Poco había cambiado la situación así que la separación definitiva esta vez resultó implacable.

Apenas 30 años, dos divorcios y de nuevo sin trabajo, hogar ni dinero, eso sí, una carga profunda de fracasos e inseguridades y con la responsabilidad de nuevo exclusivamente mía de crear un futuro digno para mi hija.

Años después, esta vez sí, su padre aportó la parte económica estipulada en nuestro acuerdo de divorcio.

Afortunadamente, la salud siempre me ha acompañado y una voluntad férrea y confianza en cualquier trabajo que desempeñase también y fui prosperando económicamente y abriéndome camino a través de emprendimientos propios y alcanzando cierta estabilidad económica y emocional.

Casi veinte años después de escuchar la frase de mi profesora volví a darle significado, me topé de bruces con la experiencia más desgarradora, por la dosis de culpa que conllevaba para mí, que en mi relación con los hombres había vivido jamás.

En lo que parecía el mejor momento de mi vida iniciaba una relación con un hombre casado, yo que tanto había idolatrado y admirado la idea de la familia como algo sagrado e intocable.

Vivir esa experiencia fue mi punto de quiebre más reciente y superarla mi clic mental para cambiar mi percepción de la vida y de nosotros, los seres humanos.

Y sobre todo de mí misma, descubrir mi falta de amor propio, mis inseguridades, mis carencias y cómo cambiar mi vida al cambiar dentro de mí me ha llevado a querer compartir contigo mi aprendizaje.

Como resultado han nacido estos libros escritos desde el más profundo amor a la vida y todas las personas que me han acompañado a lo largo de la mía.

Si me conoces, a través de las redes por ejemplo, verás una mujer que se ama, que está cumpliendo sueños, que se quiere cada día más, agradecida con todos los aprendizajes de la vida, reconciliada con su esencia.

Eso sí, no lo puedo ocultar, verás una mujer ansiosa, deseosa de transmitir mi mensaje de Amor al mundo, impaciente por aportar luz a aquellos que en este momento estén sufriendo porque no encuentren su camino o se hayan desviado ligeramente de su Esencia, del amor a sí mismos.

Espero de corazón poder ayudarles, he convertido en ello mi propósito de vida y sé que si yo he conseguido convertirme en la Mujer Verdadera que siempre soñé, sé que tú también lo harás.

Es apasionante soñar con un cambio, es revelador cuando cuándo lo alcanzas.

***"La humanidad siempre ha tenido
miedo de las mujeres que vuelan,
ya sea por brujas o por libres"***

Los preparativos

Finalizamos ***"Ahora Tú"*** al llegar, después de un largo recorrido en tren por tu interior, a una bella estación, fin de trayecto de aquel maravilloso viaje.

No sabías al subir a ese tren que el destino final era la celebración de tu Nuevo Nacimiento, confiaste en mí plenamente y ahora compruebo agradecida que no te he decepcionado.

Estás aquí porque te has elegido, te has elegido creadora de tu vida y entre las infinitas opciones vuelves a confiar en mí.

Gracias, gracias, asumo la responsabilidad con entusiasmo y compromiso.

Te doy emocionada la bienvenida al selecto grupo de mujeres dispuestas a sanar, crecer, reinventarse y crear una vida maravillosa después de una ruptura.

Para la celebración de tu Fiesta Especial me he permitido seleccionar mi lugar preferido, aquel al que me lleva mi mente en los momentos de relajación o meditación profunda.

Sigue el camino de la derecha y detrás de la espesa arboleda, a escasos metros, encontrarás una pequeña playa desierta, preciosa, de finísima y blanca arena.

El mar allí siempre está en calma, la cálida brisa marina acaricia tu piel y las gaviotas revolotean, parecen esperar ansiosas tu llegada, sus movimientos son preciosos bailes en el inmenso cielo azul.

El enclave es deliciosamente perfecto, el día soleado y la temperatura muy, muy agradable, el sol acaricia tu piel dulce y suavemente, sin molestarte.

Entra, pisa descalza la arena, es tu fiesta, tú eres la anfitriona hoy, es la celebración de tu Nuevo Nacimiento.

Pronto llegarán los invitados, ahora disfruta de la belleza del paisaje y de la inmensidad de la soledad, conéctate con tu más profundo Ser y siente el placer de sentirte viva, más viva que nunca y sorprendentemente relajada, en paz.

Pronto se llenará de gente, música y vida, ahora sólo piensa en Ti.

Estás cansada, cansada de correr sin rumbo, de compañías que no te agradan, de aceptar las normas que alguno impuso a su antojo, de perseguir metas que alguien en algún momento diseñó para ti y no te has permitido ni cuestionar, de la rutina, de un día igual al otro.

Descansa, deja ahora todo eso a un lado y conecta con tu esencia, tu yo más profundo, esa parte de ti que sí reconoce tus anhelos, que sabe lo que te hace vibrar y lo que te daña.

Concéntrate en lo que sabes que va a dar sentido a tu vida.

Y ahora imagínate con diez años más.

¿CÓMO TE VES?

¿VAS AHORA CAMINO DE CONVERTIRTE EN QUIÉN QUIERES REALMENTE SER O TE VES IGUAL, SÓLO DIEZ AÑOS MÁS ADULTA?

Ahora es el momento de sembrar las semillas para transformarte si así lo deseas o no hacer nada y seguir como hasta ahora.

Tú decides, es momento de enfocarte en el cambio y poner toda tu atención y esfuerzo en conseguirlo. Sólo necesitas pasión, enfoque y disciplina.

Y si sigues así, sin lanzarte al cambio ¿a dónde te conducirá?

¿Qué imagen te reflejará el espejo cuando un buen día te levantes y recuerdes que han pasado diez años desde que encontraste este libro y no hiciste nada para cambiar tu vida?

Si, ya sé, has sido tremendamente fuerte, has sido muchas veces desafiada y aún te mantienes en pie, tu vida te ha parecido en ocasiones injusta y te has caído y levantado una y otra vez.

Sé que has superado tremendos obstáculos y aun así intentas cada mañana luchar contra tu rutina con buena actitud y tu mejor sonrisa.

Pero déjame decirte algo....

DEJA DE SER FUERTE, DEJA DE LUCHAR, TIENES PODER.

En un Congreso dedicado exclusivamente a las Mujeres, el estudioso Enric Corbera, que se define a sí mismo como "investigador incansable en busca de la libertad emocional de las personas" y ente otras facetas creador del método de la Bioneuroemoción, explicaba el Poder de la mujer, en concreto de las madres para cambiar las sociedades machistas a través de la educación de sus hijos.

Nosotras podemos aplicarlo en general a cualquier faceta de nuestra vida.

Explicaba Corbera que vivimos en una materia cuántica, el mundo es mental, irreal y espiritual y en ese espacio es donde el Poder adquiere su protagonismo.

La fuerza siempre se mueve en contra de algo, crea resistencia, siempre ataca, agota, te tienes que defender y acabas enfermando.

La fuerza está asociada a juicio, te obligas a justificar tu posición y tomas el rol de víctima cuando realmente actúas como victimaria porque aplicas la fuerza.

En cambio, el Poder nos da la vida, no se mueve pero hace que todos nos movamos y es innato, lo tenemos en nosotros.

Cuando uno se alinea con el Poder ya no usa la fuerza, cuando deja de justificar por qué tolera una determinada situación utiliza el Poder.

El Poder no te dice lo que tienes que hacer, es siempre Coherencia, dejar de justificarte, hacer lo que deseas no lo que se espera de ti, sin pretender agradar a los demás.

LA FUERZA DESTRUYE Y EL PODER TRANSFORMA.

Entenderás ahora un poco mejor por qué haber sido tan fuerte no te ha llevado a donde realmente mereces estar.

Nuestro objetivo es ser Poderosas.

Es ahora que tu ruptura ha pasado a otro plano cuando vas a pensar en ti. Vas a analizar dónde estás, por qué has llegado a esta situación y a dónde quieres dirigir tu vida en este momento.

Te vas a preguntar :

¿QUÉ NECESITO AHORA?

¿QUÉ ME MOTIVA?

¿A DÓNDE VOY A DIRIGIR TODA MI ENERGÍA?

¿QUIÉN SOY Y QUÉ DESEO EN LA VIDA?

¿QUÉ ES PARA MÍ LA FELICIDAD?

¿POR QUÉ ESTOY LEYENDO ESTE LIBRO?

Tus emociones han estado muy revolucionadas.

Ahora es el momento de reflexionar y hacerte consciente de dónde vas a buscar ese impulso que necesitas para seguir avanzando, para responderte a esas cuestiones, ahora que has adquirido importante conocimiento que te va a permitir reacondicionar las creencias y valores que habías adquirido anteriormente.

Estamos en la Era de La Consciencia, se están desarrollando niveles de consciencia únicos en la historia de la Humanidad, el que quiere ser puede ser, atrás quedaron los límites por diferencia de color de piel, de estatus o de origen social.

Por primera vez todos tenemos acceso a la información y a la sabiduría que antes era privilegiada y exclusiva para unos pocos.

Gracias a internet todo es posible, todo está a nuestro alcance.

Todo se mueve a velocidades de vértigo, ha cambiado la perspectiva del tiempo, estamos evolucionando como nunca antes.

Entonces....

¿POR QUÉ DECIMOS QUE QUEREMOS CAMBIAR, LOGRAR UNA MEJOR VIDA, MAYOR PROSPERIDAD?

Y, sobre todo...

¿POR QUÉ UNOS CAMBIAN Y OTROS NO?

Lo decimos porque así lo sentimos, sabemos que es posible.

Hemos nacido con la misión de alcanzar nuestro ideal de vida, de aportar a este mundo toda nuestro potencial y si no estamos en ese camino nos sentimos incómodos, queremos cambiar porque sentimos que estamos viviendo la vida que no nos corresponde.

Aquellos que despiertan primero, son los que alcanzan el cambio, son iguales a ti, sólo te llevan ventaja, no son mejores, no son afortunados, simplemente han despertado primero.

Se oyen las primeras voces, los invitados comienzan a llegar...

"Una de las cosas más afortunadas que
te puede suceder en la vida es tener
una infancia feliz
y te hayan enseñado a amarte desde niñ@".

Los invitados

Los primeros en llegar son papá y mamá, hacía tanto no les veías, están tan cambiados, han vuelto a ser como tú los recordabas siendo una niña.

¿Qué les ha pasado? Tranquila, has vuelto a tu infancia.

En Ahora Tú nos detuvimos largo tiempo en tu infancia y ahora retrocedemos de nuevo.

Necesito comprobar que has entendido LA IMPORTANCIA DE SANAR TUS HERIDAS EMOCIONALES de esa etapa.

Muy posiblemente cuando leíste ese capítulo aún estabas en pleno proceso de duelo y el enfoque estaba dirigido a tu relación de pareja, con el fin de determinar qué consecuencias podían haber tenido en la relación que recién terminaba, sanarlas y así no arrastrarlas a relaciones futuras.

Pero sucede que nuestras heridas no sanadas determinan

aspectos fundamentales de nuestra personalidad y la forma en qué nos relacionemos con los demás y nos limitamos a nosotros mismos.

Y nuestro objetivo ahora es convertirnos en esa mujer que no tiene miedo a brillar, una auténtica Mujer Verdadera.

NO EXISTE HERIDA POR PROFUNDA QUE SEA QUE NO PUEDA SER SANADA A TRAVÉS DEL PERDÓN Y LA ACEPTACIÓN.

¿CÓMO FUE TU RELACIÓN CON ELLOS?

¿CRECISTE EN UN ENTORNO FAMILIAR ARMONIOSO O CONFLICTIVO?

Durante los primeros años de nuestra vida es cuando se producen nuestras primeras heridas como reacción a situaciones de dolor para defendernos y tomar decisiones que nos permitiesen dejar de sentir ese dolor.

Son las heridas más profundas y que más marcan nuestro desarrollo y personalidad futura.

Debemos reconocerlas y afrontarlas, cuanto más tiempo tardemos en sanarlas más profundas se harán.

No queremos revivir el sufrimiento que nos causaron por ello nos ponemos una especie de máscaras que nos impiden sentir y mostrar nuestra propia esencia y dificulta nuestro desarrollo en la vida.

Los especialistas destacan, entre otras muchas, **cinco heridas principales de la infancia:** el abandono, el rechazo, la humillación, la traición y la injusticia.

Las CONSECUENCIAS en nuestra edad adulta de vivir heridas en general son:

.SENTIRNOS VACÍOS CONSTANTEMENTE.

.GENERAR HISTORIAS REPETITIVAS.

.NEGAR Y NO LLENAR NUESTRAS VERDADERAS NECESIDADES.

.SOBREVIVIR SIN VIVIR LAS MARAVILLAS DE LA VERDADERA VIDA.

El OBJETIVO COMÚN A SUPERARLAS en todas ellas es:

.RECUPERAR EL VERDADERO YO, NUESTRA ESENCIA.

.LIBERAR EL DOLOR.

.FORTALECER LA FIGURA DE LA MUJER ADULTA FRENTE A LA NIÑA HERIDA.

.ROMPER CON EL SISTEMA DE DEFENSA GENERADO EN LA INFANCIA.

.CUBRIR HOY LAS CARENCIAS ORIGINADAS EN LA INFANCIA.

¿QUIERES AHONDAR MÁS EN TUS POSIBLES HERIDAS?

Te propongo que respondas a las siguientes preguntas. Han sido extraídas del blog de Martha Debayle, asesorada por la terapeuta Anamar Orihuela que profundiza en este apasionante tema en su libro “Transforma las heridas de tu infancia”.

1.¿TE ATERRA LA SOLEDAD Y HAS SOPORTADO RELACIONES POR NO ESTAR SOLA?

2.¿TE CUESTA PONER LÍMITES Y EXPRESAR CLARAMENTE LO QUE NECESITAS?

3.¿EN OCASIONES DESCALIFICAS O SOBREDIMENSIONAS LAS CIRCUNSTANCIAS?

4.¿SUELES HACERTE DEPENDIENTE DE LAS PERSONAS?

5.¿SIENTES QUE LOS DEMÁS NO TE QUIEREN Y NO TE VALORAN?

Más de 4 síes, tu herida es el ABANDONO.

Empieza a decirte:

SOY VALIOSA.

PUEDO CUIDAR DE MÍ MISMA.

PONGO SANOS LÍMITES.

TENGO VIDA E IDENTIDAD PROPIA.

PUEDO TENER RELACIONES LIBRES.

Tú misma serás consciente de que ha comenzado a cicatrizar cuando el temor a los momentos de soledad desaparezca, y en ellos empiece a fluir un diálogo interior positivo y esperanzador.

1.¿DE NIÑA TENÍAS PROBLEMAS RESPIRATORIOS COMO ASMA, RINITIS Y PROBLEMAS EN LA PIEL?

2.¿FUISTE UNA NIÑA CALLADA, SOLITARIA Y TE HAS SENTIDO O SIENTES QUE NO FORMAS PARTE DE TU FAMILIA O DE LA ESPECIE HUMANA?

3.¿EXPERIMENTAS SENTIMIENTOS DE RECHAZO HACIA TI MISMA DUDANDO DE TU CAPACIDAD O SINTIENDO MIEDO A SER RECHAZADA?

4.¿ TE ENOJAS FUERTEMENTE CON TU MADRE?

5.¿TE GUSTAN MÁS LAS ACTIVIDADES EN SOLITARIO QUE LAS GRUPALES?

Si has respondido sí a más de cuatro tu herida es el RECHAZO.

Practica a decirte:

.YO SOY CAPAZ Y PUEDO HACERLO.

.SOY ACEPTADA.

.SOY IMPORTANTE.

.YO PERTENEZCO Y AQUÍ ESTOY.

Ocúpate de tu lugar, de arriesgar y de tomar decisiones por ti misma. Te molestará menos que la gente se aleje o se olviden de ti en un momento determinado.

1.¿ERES DEMASIADO COMPLACIENTE E INCONDICIONAL CON LOS DEMÁS?

2¿ TE AVERGÜENZAS DE TU INFANCIA, TU CUERPO O TU SEXUALIDAD?

3. ¿TE OLVIDAS DE RECONOCER TUS PROPIAS NECESIDADES Y ATENDERLAS?

4¿TIENES SOBREPESO?

5.¿TE PREOCUPAS EN EXCESO POR LOS DEMÁS Y VEN EN TI UN PAÑO DE LÁGRIMAS Y LA QUE SIEMPRE ESTÁ AHÍ PARA SOCORRERLES?

Más de cuatro síes, tu herida es la HUMILLACIÓN.

A partir de hoy:

.PRIMERO LO QUE YO NECESITO.

.RESPETO, ACEPTO Y AMO MI CUERPO.

.ME SIENTO ORGULLOSA DE MÍ.

.EXPRESO LO QUE SIENTO Y NECESITO.

Debes trabajar en tu independencia, tu libertad, la comprensión de tus necesidades y temores, así como tus prioridades.

1.¿SUELES SER PERFECCIONISTA, ESTRICTA, RÍGIDA Y CUADRICULADA COMO TU PADRE O TU MADRE?

2.¿TE CUESTA O NO SABES PEDIR AYUDA?

3.¿ TE CUESTA SER ESPONTÁNEA Y HACER COSAS DIVERTIDAS?

4.¿ERES MUY ORDENADA Y DISCIPLINADA?

5.¿ERES MUY SENSIBLE PERO ESCONDES TUS EMOCIONES?

Más de cuatro, tu herida es la INJUSTICIA.

Tus nuevos mantras:

.ME PERMITO SER FLEXIBLE Y ESPONTÁNEA.
.PUEDO EQUIVOCARME Y RESPETARME.
.DISFRUTO DE LO QUE HAGO, NO LO HAGO POR OBLIGACIÓN.
.ME PERMITO MIS EMOCIONES Y LAS CULTIVO.
.NO SOY SIEMPRE BUENA Y NO PUEDO TENER SIEMPRE EL CONTROL.

En estos casos es importante trabajar la autoestima, el autoconcepto, así como la rigidez mental generando la mayor flexibilidad posible y permitiéndote confiar en los demás.

1.¿NO SABES O TE CUESTA CONFIAR AUNQUE LA CONFIANZA ESTÉ PROBADA?

2.¿TIENES SIEMPRE ALTAS EXPECTATIVAS DE TODO Y DE TODOS?

3.¿TE GUSTA ORGANIZAR LA VIDA DE LOS DEMÁS, VAS DE PRISA Y HACES VARIAS COSAS A LA VEZ?

4.¿CREES QUE SIEMPRE LLEVAS TÚ LA RAZÓN?

5. ¿ERES MENTAL, INTUITIVA Y ODIAS LA MENTIRA?

Si has respondido más de cuatro en positivo, tu herida es la <u>TRAICIÓN.</u>

Tus pensamientos deberían ir encaminados a :

.YO ELIJO EN QUIÉN CONFIAR Y SUELTO.

.YO CONTROLO MI MENTE Y MIS IMPULSOS ANTES QUE LA VIDA DE OTROS.

.TENGO ALTAS EXPECTATIVAS PERO SOY FLEXIBLE Y REALISTA.

.RESPETO EL RITMO DE LOS DEMÁS.

.SÉ RECIBIR Y A VECES ME EQUIVOCO.

Sanar las heridas emocionales de la traición requiere trabajar la paciencia, la tolerancia y el saber vivir, así como aprender a estar solo y a delegar responsabilidades.

Particularmente, cada una de ella aporta matices concretos en nuestra personalidad.

Si has identificado cual puede ser tu principal herida, podrás sanarla mucho antes y entender determinados rasgos en ti que han podido limitarte hasta ahora.

No tengas temor a adentrarte en tu niñez, dedícale su tiempo, encontrarás respuesta a muchas de las cosas que te han sucedido a lo largo de tu vida.

Todos tenemos heridas de la infancia, no importa lo feliz que recuerdes esa etapa, no tiene que ser un episodio traumático o sí lo que te haya hecho guardar en tu interior una determinada emoción y reaccionar en base a ella ante determinadas circunstancias.

Era sólo tu forma de demandar amor, tu manera de sentirte segura ante el exterior.

Busca, habla con tu niña interior y déjala que te muestre qué la lastimó tanto, acéptalo y sánalo desde la Mujer que hoy eres.

Además de las heridas de la infancia a lo largo de nuestra vida experimentamos variadas situaciones desagradables y dolorosas que nos cuesta trabajo resolver y nos genera una emoción intensa de rabia, dolor, tristeza, miedo, desesperación, impotencia.. si no lo resolvemos de la manera adecuada.

Se generan las denominadas HERIDAS EMOCIONALES.

Sentir emociones negativas a lo largo de nuestras experiencias de vida es totalmente normal.

El problema surge cuando no somos capaces de resolver la situación y el dolor que nos genera queda fijado en nuestro interior y con el paso del tiempo acaba provocando la herida.

A diferencia de las heridas infantiles, cada vez que nos enfrentamos a la herida emocional hacemos un repaso de manera inconsciente del suceso, de la persona o situación que nos hizo daño, accedemos al recuerdo y activamos las heridas y las emociones que se encuentran asociadas, volvemos a sentir rabia, miedo, impotencia.

No niegues tus sentimientos ni ocultes tus heridas, así sólo conseguirás hacerlas más profundas.

Eres lo que eres en la actualidad gracias a los momentos buenos y los no tan buenos que hayas vivido, a las personas que te hayan ayudado y amado pero también a las que te han hecho tanto daño.

Tu cerebro guarda las experiencias emocionales y los recuerdos pero lo realmente importante hoy no es lo que haya sucedido que te hizo daño, sino cómo lo vives ahora.

No te obligues a olvidar el suceso que te marcó la vida sino que tienes que intentar pensar en él sin que te haga daño.

Acepta tus heridas emocionales como una parte más de tu persona e historia y saca el mejor aprendizaje y perdona a la persona o situación que te haya provocado tus heridas.

Sabrás que estás sanado cuando seas capaz de compartir con otras personas esa situación dolorosa sin emocionarte, narrarlo como un recuerdo más, como una historia más de tu maravillosa vida.

Tus creencias.

Además de nuestras heridas emocionales, a la hora de generar un cambio, una transformación en nosotras nos encontramos con la tremenda barrera de nuestras CREENCIAS LIMITANTES.

Creencias que se han ido construyendo en nuestra mente de niña en función de nuestro entorno y sobre todo de la influencia de nuestros progenitores y a partir de alguna experiencia u opinión negativa.

Esa percepción que hemos creado de la realidad no es cierta pero como en nuestra mente lo hemos admitido como verdadera, cada vez que se nos pueda ocurrir siquiera algo que pueda contradecir dicha creencia, nuestro cerebro encontrará todo tipo de justificaciones para mantenernos en la comodidad de lo conocido, lo que no nos permite avanzar.

Y nuestra mente hasta que no le demostremos lo contrario con una experiencia mucho más poderosa siempre entenderá que está en posesión de lo más favorable para ti, lo que menos desgaste le provoque a tu cuerpo.

Tu mente tiene como función principal protegerte y eso sólo puede hacerlo desde lo conocido, aunque no sea lo mejor para ti.

Creencias limitantes existen en todas las áreas de nuestra vida y tú eres cómo eres gracias a tus creencias. Es fundamental entenderlas y saber cómo nos afectan a nuestra vida real, cómo nos frenan o nos impulsan.

La buena noticia es que podemos cambiarlas.

Podemos reacondicionar y entrenar nuestra mente para ir sustituyendo creencias limitantes por creencias potenciadoras que son las que nos permitan prosperar en la vida a base de mucha emoción y experiencia.

Si lo que queremos cambiar es una percepción con relación a una experiencia negativa, la fórmula es engañar a la mente transformando todas las experiencias en positivo.

Yo recuerdo con mucha ilusión iniciar clases de piano a los ocho años y el primer día la profesora, que era a su vez una joven estudiante, le dijo a mi madre con bastante delicadeza que yo no tenía oído musical y que no se me daba bien.

Crecí toda mi vida diciendo y creyendo que no tenía oído musical y que mi voz resultaba insoportable para todo aquel que la escuchase, nunca cantaba en público, sólo movía los labios.

Muy posiblemente no nací con dotes musicales pero ya me negué desde esa edad a cultivar o practicar con la música.

Otro niño, ante esa misma circunstancia podría haber optado por cambiar de profesora o practicar a escondidas hasta ponerse al nivel de los niños que ya tenían esas aptitudes y superar a base de entrenamiento y constancia su aparente limitación.

Eso sí, ahí va mi percepción positiva, en la escuela sacaba notas excelentes en la parte teórica de música, mi creencia adquirida era que era buena estudiante, y empleé el tiempo que hubiera dedicado a esa clase a practicar un deporte, así que siempre tuve un cuerpo atlético.

Hace pocos años, desde que cambié la percepción de aquel recuerdo, al menos me permito cantar sin miedo a que alguien me escuche y seguro que cada día lo hago un poquito mejor.

¿QUÉ TE HAN CONTADO A TI QUE NO PODÍAS HACER O NO HACÍAS BIEN Y LO CREÍSTE HASTA EL DÍA DE HOY?

Con las experiencias nuestro cerebro funciona igual. Has tenido un perrito adorable al que querías mucho y ya se murió, pensar en un perro te trae el recuerdo tierno de tu mascota.

Un buen día, otro perro te ataca y te muerde, ha dejado otra huella también en tu cerebro.

Muy posiblemente, a partir de ese día cuando pienses o veas un perro ya no pensarás que son tan adorables.

O sí, tú decidirás que emoción quieres que prevalezca.

¿Entiendes el poder de nuestra percepción?

En nosotros está la facultad de transformar un recuerdo o una creencia negativa por una experiencia o aprendizaje maravilloso aportándole siempre una lectura positiva.

La Genética Cultural:

Hay estudios increíbles que nos pueden llegar a sorprender con el fin de entender cómo somos.

¿VENIMOS PROGRAMADOS O NO?

Fue un debate abierto durante mucho tiempo hasta que una

Universidad a través de **un estudio demostró que sí venimos programados casi hasta un 50%.**

Buscaron gemelos que por azares de la vida fueron separados inmediatamente al nacer de sus padres y criados en otros países, culturas y ambientes totalmente diferentes.

Al entrevistarlos años después descubrieron que eran 50% iguales.

Genéticamente venimos programados al 50%, el resto lo vamos construyendo a lo largo de la vida y vienen programados dentro de nosotros los aspectos buenos y malos hasta 7 generaciones atrás.

Se transmiten de generación en generación, proyectando sobre nuestros hijos lo que fue proyectado sobre nosotros, hasta que una toma de consciencia logre romper el círculo vicioso.

Tenemos que aprender a des identificarnos del árbol y comprender que el origen no está en el pasado sino que vive en el interior de cada uno de nosotros.

El pasado no es inamovible, haciéndonos conscientes la familia empieza a evolucionar y cambiamos nuestro pasado adaptándolo a nuestro nuevo punto de vista.

Pero en vez de culpar a nuestros ancestros de todo lo malo que nos suceda, debemos perdonarlos, honrarlos, agradecerles, amarles, conocerlos y analizarlos.

Enric Corbera sostiene que **si puedes modificar tu psicología**, **puedes modificar tu biología**, la clave reside en la gestión de las emociones.

Debemos empezar a desterrar frases del tipo " heredé el mal carácter de mi madre" o "soy como el tío Andrés, nunca se casó".

Nos justificamos en esas posibles verdades, pero olvidamos que en nosotros está el poder de reconducir todos esos programas heredados hacia donde nosotros deseemos.

¿Qué te han hecho creer a ti que no podías cambiar porque habías heredado de algún familiar?

Ahora sabes que esa creencia no puede limitarte, si algo no te gusta de ti, cámbialo.

Nuestro gen egoísta nos indica que trabajamos para sobrevivir y tenemos que potenciar nuestra capacidad de creer para crecer y entender cómo funciona nuestra mente con relación al éxito, prosperidad, liderazgo y felicidad.

Dales un beso a mami y papi, han llegado más invitados y hoy tú eres la anfitriona.

"Los buenos momentos atraen amigos,
los malos los seleccionan".

Invitados deseados y no tan deseados

En tu fiesta como en la vida hay diferentes tipos de personas, unas mucho más afines que otras o unas más presentes en una determinada época y ausentes por mucho tiempo pero con las que conseguiste una sincronización especial y aportaron valor en su momento, ahora a lo mejor también o puede ser que ya no.

El ser humano es un ser social, necesita relacionarse.

Todos cambiamos a lo largo de nuestra vida, van llegando nuevas personas y otras se van, éstas cumplen su misión y llegado el momento cada uno sigue su camino.

Indudablemente unos dejarán siempre más huella que otros y es precisamente cuando esa persona salga de tu entorno cuándo descubras qué tenía que enseñarte.

"Nadie se va de nuestra vida hasta que entendamos qué tenía que enseñarnos".

Acabas de superar una ruptura o ya hace un tiempo que pasó, lo que es innegable que estás en un proceso de crecimiento y desarrollo interior profundo.

Quiero advertirte algo importante.

Eres tú la que quiere crecer, eres tú la que ha despertado sus ansias de conocimiento, tú la que ha descubierto una forma mucho más enriquecedora de entender el mundo y nuestro paso por él.

No puedes pretender que tu entorno cambie contigo, ellos muy posiblemente no han alcanzado ese nivel y sigan creyendo que la felicidad está en lo que opina la mayoría.

Tener un trabajo estable, aunque no les apasione, casarse porque llegó el momento, tener hijos y un mes de vacaciones al año, por ejemplo y a una determinada edad jubilarse y ver crecer a sus nietos, acudir puntualmente al médico y comprobar que sus enfermedades se controlan con dos o tres pastillas diarias, son cosas de la edad.

No, tú sabes que el trabajo ha de ser aquello que te apasione, te casarás o no cuando la persona correcta llegue a tu vida y tu válvula de escape no será un mes de vacaciones para desconectar porque amarás tanto tu vida que no quieres perderte ni un segundo de disfrute en ella.

Por favor, no se lo cuentes a nadie, pensarán que estás loca, te lo aseguro, lo he vivido en mi círculo más cercano.

Yo lo comparo a cuando dejamos de fumar, de repente vemos a los fumadores como seres de otro planeta y no entendemos cómo y por qué lo hacen, pero tiempo atrás éramos nosotros los que fumábamos y encontrábamos justificaciones para hacerlo.

Cuando llegue su momento, si llega, ellos también dejarán

de fumar, mientras unos te envidiarán porque quisiesen también dejarlo y otros pensarán que estás perdiendo de disfrutar algo que a ellos les está matando y los tiene esclavizados.

No intentes convencerles, te desgastarás.

Al principio, cuando empieces a experimentar cambios en ti y en tu vida, querrás compartirlo, querrás que ellos lo comprueben por sí mismos, pero créeme no todo el mundo está preparado ni dispuesto a cambiar su manera de entender el mundo.

Acéptalo y siéntete afortunada.

Te sorprenderá que ellos no entiendan esos cambios en ti para bien, al contrario querrán que vuelvas a ser la misma de antes, su nivel evolutivo se ha mantenido igual y choca con la nueva persona que eres tú.

Cuando eso suceda, alégrate, será la señal de que vas por buen camino, estás matando todo lo que no te permitía crecer, lo que te hacía igual a ellos.

TIPOS DE AMIGOS hay muchos: amigos virtuales, amigos con derecho a roce, amigos fiesteros, mejores amigos, amigos de la infancia, amigos superficiales, amigos falsos, amigos intermitentes, amigos íntimos, amigos por conveniencia.. y amigos tóxicos.

ARISTÓTELES distinguió tres TIPOS DE AMISTAD, dos accidentales y un tercer tipo más intencional:

-La amistad por utilidad, que se basa más que en el afecto, en el beneficio mutuo y cuando éste se agota suele deshacerse;

-La amistad basada en el placer, que surge por intereses o

aficiones comunes y que dura lo que dura el placer común que la motivó;

-Y la amistad de lo buena en la que se comparte una apreciación de lo bueno y virtuoso de la vida y no tiene como objetivo sacar ningún provecho particular, que no tiene un por qué pero suele durar toda la vida.

BUDA, DISTINGUE 4 TIPOS DE AMISTADES VERDADERAS,

advirtiendo que si llegas a encontrar a este tipo de amigos aprendas a cultivar estas relaciones porque serán de gran apoyo para ti, entendiendo siempre que el equilibrio está como en todo en dar y recibir.

-Se refiere al amigo que denomina "ayudante", aquel que siempre está disponible para ti en tus peores momentos y su apoyo es para ti muy valioso, siempre estará a tu lado.

-Denomina "perdurable" al que puedes contarle tus deseos y secretos más ocultos, nunca te abandonará ni en los peores momentos y te dará todo lo que tiene, tiempo, dinero, lo que sea por ti.

-Se refiere al "mentor" como aquel que te guiará siempre a hacer cosas buenas, impidiéndote hacer daño a los demás o malas acciones. Cuando necesites un consejo, él siempre estará para proporcionarte el mejor.

-Y el "empático", que disfruta tus alegrías y llora contigo tus malos momentos. Jamás permitirá que hablen mal de ti y siempre destacará tus cualidades.

SI POSEES ESTE TIPO DE AMISTADES, VALÓRALAS Y CONSÉRVALAS.

Si no responden a estas características son amistades tóxicas, que de una manera u otra afectarán negativamente a tu vida.

A tu fiesta han venido todos, amigos de la infancia, compañeros del trabajo, tu amiga íntima, algún que otro conocido, algunos fiesteros y algún que otro falso, hoy no nos importa pero en tu día a día tienes que seleccionar las personas que dejas entrar y permanecer a tu lado.

La actitud positiva y la idea de crecimiento van a ser contantes en tu vida por lo que deberás rodearte de personas así o incluso más que tú, vibraciones similares se atraen y las superiores dominan a las inferiores.

Sabrás que una persona debe estar en tu vida cuando sientas que el vínculo con ella te hace ser mejor persona.

Esa persona te reconforta enriqueciendo tus experiencias y aportando diferentes modos de ver el mundo, te proporciona ayuda, seguridad y alivio.

Esa persona con la que se crea un vínculo inquebrantable, te abraza tan fuerte que recompone tus pedazos, te reinicias, hace que tus miedos y tristezas desaparezcan y tú deseas proporcionarle lo mismo a ella.

Somos seres sociales, buscamos asociarnos, pertenecer a un clan, no sería posible tu propio crecimiento personal sin el contacto con los demás, por ello si nos relacionamos con personas bellas que nos aporten bondad, belleza, cariño y conocimiento nosotros, tú proyectarás desde tu interior esos valores y emociones que vuestra conexión ha generado y juntas avanzareis en vuestro desarrollo emocional.

Es dentro de una relación de amistad que quieres cultivar cuando descubres tus fortalezas y añades recursos y habilidades para enfrentarte a las adversidades de la vida.

Es tremendamente reconfortante saber que hay en tu vida personas que están ahí cuando las necesitas, aún en nuestros momentos más oscuros y tú para ellas, también serán las que compartan contigo tus momentos más gloriosos.

Desde que inicié mi crecimiento personal muchas personas se han alejado de mi vida, es doloroso pero necesario, muy posiblemente los lazos que manteníamos ya no se sustentan en mi nueva forma de apreciar el mundo y las relaciones personales.

¿Percibes la diferencia?

Tú aceptarás que sigan con su vida, la respetarás, pero ellos muy posiblemente hasta te criticarán. Afortunadamente otro tipo de relaciones tenían bases más profundas y se han mantenido y lo más importante han llegado a mi vida personas mucho más acordes a mi nuevo estado que me impulsan a seguir creciendo y llenan mi vida de verdaderos valores.

A ti te sucederá lo mismo.

Sin embargo, sucede que a lo largo de nuestra vida nos rodeamos también de otro tipo de personas que lejos de sumar felicidad a nuestra experiencia de vida nos roban energía o añaden estrés y sólo conseguirán hacerte daño antes o después.

Son los AMIGOS, E INCLUSO FAMILIARES, TÓXICOS.

En la amistad, como en los demás aspectos de nuestra vida es fundamental nuestro grado de autoestima y que aprendas a respetarte y valorarte por encima de todo, sabiendo diferenciar lo qué es mejor para ti.

Si no estás segura si estás rodeada o no de personas tóxicas, debes primeramente evaluar cómo te sientes cuando estás cerca de esas personas.

Resulta contradictorio que si reconocemos que una persona no nos hace bien la mantengamos como amiga, pero sucede porque normalmente hemos construido un vínculo estrecho con esa persona, de no ser así fácilmente nos apartaríamos de ella, no tendríamos miedo a perderla, ni al dolor que supone cortar con ella.

Por eso tienes más posibilidades de tener un amigo tóxico entre aquél que ha sido tu amigo desde niños o te ha apoyado en los momentos difíciles.

En las relaciones de amistad cercanas es donde se genera gran confianza y gracias a la confianza y al vínculo emocional el amigo o amiga tóxica lo tendrá fácil para manipular y que la amistad no se rompa.

Déjame puntualizarte que, salvo raras excepciones, no es un acto consciente por su parte, responde a su manera de ser y a la forma en que han aprendido a conseguir lo que quieren.

Seguro que tú ya sabes algunas características de los amigos tóxicos pero vamos a repasarlas mientras piensas en esa persona o personas que te han venido a la mente.

Algunas CARACTERÍSTICAS de estas amistades:

.DAS Y NO RECIBES, MÁS BIEN TE UTILIZA.

Si eres tú la que siempre, o en la mayoría de las ocasiones, das y no recibes o tu amiga está ocupada siempre que la necesitas deberías considerar si esa amistad te está aportando algo.

.TE JUZGAN.

Las críticas constructivas son buenas, pero si sólo te juzgan por lo negativo de tu físico, tu vida, tu carácter, tu labor como madre y lo único que logran es acomplejarte más en lugar de ayudarte, sobran en tu vida.

Ten en cuenta que no lo harán directamente, sino de modo

sutil para no destruir la relación pero conseguirán hacerte sentirte mal.

Aléjate.

.Sienten envidia y no alegría cuando te va bien.

Lo notarás, si te fijas lo percibirás, no se alegran cuando algo bueno te sucede, incluso intentan cambiar pronto de tema para quitarte tu momento de felicidad.

¿Conoces el dicho "no hay mejor desprecio que no dar aprecio"? Es lo que hacen con tus buenos momentos. ¿Quieres a alguien así cerca de ti?

Confirmé esta percepción que tenía con una amiga cuando le mostré entusiasmada la portada de mi primer libro, lo compartía con ella y muy pocas personas más.

Ni la miró, ni un "ay me gusta, no me gusta", nada, el más absoluto desprecio hacia aquello que para mí era un secreto compartido con ella y un momento de gran felicidad.

Después de seis años de supuesta amistad, a los pocos días desapareció de mi vida. Me quedo con lo bueno de esos años y paso página.

.No hay confianza plena.

Hay confianza pero algo te dice que no puedes contarle cosas demasiado importantes, a lo mejor una vez le confiaste algo íntimo y comprobaste que no lo calló, lo aireó sin tu consentimiento o es de esas personas a las que temes pedirle algo porque no sabes cómo va a reaccionar.

¿Merece tu tiempo y dedicación una persona así?

O por el contrario, comparte contigo algo que otra persona

ha confiado en ella y hasta te hace cómplice, sólo a ti te lo cuenta, eso no es buena amistad, te está haciendo partícipe de su falta de valor y lealtad hacia el otro.

.TE MANIPULAN.

Te hacen sentir mal recordándote lo bien que se han portado contigo y las muchas veces que te han ayudado para que ahora les ayudes tú.

Aléjate, los favores o ayudas desinteresadas no se pueden cuantificar en el ámbito de una amistad saludable.

Y podríamos seguir pero ¿ para qué?

Lo único que debes hacer es cortar con este tipo de personas que afectan a tu ánimo, bienestar y felicidad.

Y si crees que no puedes separarte de ellas por el motivo que sea, son familiares, pertenece a tu círculo cercano, trabajo, primeramente debes preguntarte si es un tóxico universal, es decir, para todos, o sólo para ti.

Si sólo provoca toxicidad en ti, pregúntate por qué te afecta y qué genera en ti, entra en ti y conócete y podrás gestionarlo mucho mejor y si quieres ayudar a esa persona, ármate de paciencia, asertividad y buena energía.

Rodéate de las PERSONAS VITAMINA que son aquellas que sólo con verlas suben nuestras hormonas del bienestar.

Tú decides, yo he decidido hacer limpieza en mi vida, liberar espacios para que otras personas mucho más acordes a mí puedan llegar y maravillosamente mi vida va llenándose de relaciones sanas y enriquecedoras que sólo tiempo atrás alcanzaba a soñar.

Por un tiempo estuve sola, sí, muchos criticaron esa soledad y pretendían que me sintiese mal por ello:

-"Estás sola, no tienes amigos", decían algunos de los que tiempo atrás lo habían sido.

Ellos no entendían que para mí era preferible y necesaria esa soledad a una falsa apariencia de amistad. Quería demostrarme a mí misma mi autenticidad, seleccionando lo que sí deseo en mi vida porque añada valor y no por matar el tiempo sumando experiencias vacías o incluso negativas.

Hoy mi vida está llena de personas con grandes valores.

Gracias a todos por haber llenado mi vida de luz, esperanza y amor.

En resumen, cualquiera que no esté en tu misma frecuencia evolutiva y espiritual se distanciará de ti, mientras que aquellos que están en la misma frecuencia evolutiva y espiritual que tú se acercarán, verás cuan increíble es descubrir que cualquiera que necesite estar a tu lado finalmente aparecerá en tu vida de la manera más espontánea y divina.

Y lo más importante, haz un pacto contigo misma, si realmente vas a ser esa mujer brillante que te has propuesto, prepárate para los momentos de soledad, asume que eres tú quien va a construir la vida que deseas, nadie lo va a hacer por ti, ni siquiera entenderán tus motivaciones ni sacrificios.

HAZ UN PACTO SAGRADO CONTIGO Y CONVIÉRTETE EN TU MEJOR AMIGA A LO LARGO DEL CAMINO.

“La belleza siempre está dentro de ti,

no la busques sólo en el espejo,

créala también en tu interior”

Tu atuendo para la fiesta:

Amor propio, autoestima, confianza y seguridad.

Hoy estás radiante, eres el centro de la fiesta y brillas como nadie.

Tu actitud, tu serenidad, tu aplomo, tu belleza irradian luz a tu paso y todos lo perciben, llevas tiempo ocupándote de ti y los demás captan esa belleza interior de quien está aprendiendo a conocerse y amarse y se sabe Auténtica.

Sabes hacia dónde vas, has planificado tus estrategias y ya estás tomando acción. Sobre todo, sabes que estás en el camino correcto para convertirte en esa Mujer Verdadera que te has propuesto ser.

¿Qué vas a hacer para seguir mejorando?

Nuestro objetivo desde que nos despertamos hasta que nos vamos a dormir es encontrar la felicidad, ¿verdad?

Todo lo que hacemos, comemos, compramos, nos relacionamos, todo va encaminado a la búsqueda de ese estado tan ambiguo que casi lo saboreamos más cuando algo terrible sucede en nuestra vida y ahí, en ese momento es cuando pensamos " antes si era feliz y no lo sabía", mientras la buscamos en gratificaciones instantáneas.

Sin embargo la felicidad no la encontrarás en las cosas materiales ni en placeres livianos.

Uno encuentra la felicidad cuando vive sana y equilibradamente en el presente, ha sanado y perdonado las heridas del pasado y avanza hacia un futuro con ilusión, tiene un porqué que le hace levantarse por la mañana dispuesto a lograr sus sueños.

La felicidad depende del sentido que le damos a la vida, no es lo que nos pasa lo que nos hace estar más felices o tristes es cómo interpretamos cada suceso, de ahí la importancia de saber gestionar nuestras emociones.

Nosotras hemos superado las heridas del pasado y hemos perdonado , que es lo que nos permite volver a amar. Hemos vuelto de nuevo a mirar atrás y hemos superado perdonando lo que nos lastimaba.

Podemos volver a Amar porque en el Amar está el fluir con el Universo, el Amor es el único antídoto ante el sufrimiento: el amor a una persona, a los demás, a unos ideales o creencias o incluso a unos recuerdos.

Vamos entonces a trabajar en nuestro presente para construir el futuro que te mereces.

Tips para AUMENTAR LA SEGURIDAD en ti misma:

-EL OPTIMISMO DEBE SER TU MANTRA YA AL DESPERTAR.

Iniciar el día convenciéndote de que va a ser un buen día, dispuesta a que pasen cosas buenas para ti te permitirá que realmente sucedan. Por eso busca sentirte positiva siempre aunque tengas las típicas inseguridades que todos tenemos, es entrenamiento, tú enfocas tu pensamiento hacia donde realmente quieres.

Tu actitud previa ante cualquier situación determina cómo respondas a ella. Cualquier posición positiva activa la corteza pre frontal del cerebro que se encarga de la resolución de los problemas.

En cambio, una actitud negativa hace que disminuya el flujo de sangre hacia esa zona del cerebro y tendrás menos alternativas para resolver lo que sea satisfactoriamente.

Cualquier situación puede verse como un problema o como una ilusión, tú decides qué quieres que piense tu cerebro. La ilusión llama al optimismo y el optimismo nace de tu actitud cada mañana al despertar.

Hoy sabemos que el optimismo puede generar hasta nuevas neuronas, frente a la idea extendida durante años de que nacíamos con un número limitado de neuronas y que desaparecían sin posibilidad de regenerarse.

Nuestra mente atrae aquello en lo que piensa, pero recibe muchísima información, estamos rodeados de información, y sólo se detiene en aquello que necesita para conseguir una meta u objetivo.

Por ello es fundamental que tengas claro lo que quieres buscar. Las cosas positivas pueden suceder pero tú tienes que abrir la mente para que sucedan.

Lo mismo debes practicar con tu alegría, practica cada día sentirte feliz, trabaja en ello, cuando por un momento vengan a tu mente cosas que te acerquen a la tristeza, aléjalas, enfócate sólo en alegría y cosas positivas.

Practica hasta que lo hagas de modo natural, nuestro cerebro no distingue realidad de ficción y le liberarás de estrés que paraliza.

-Evita relacionarte con gente negativa.

Esas personas que siempre hablan de enfermedades, calamidades o lo pésima que está la economía o la política, te robarán energía o te agotarán si pretendes convencerles de encontrar el lado bueno de las cosas y busca rodearte siempre de gente que emana luz, armonía y bienestar.

-Olvídate de los problemas. Cambia su nombre por "desafíos."

Están ahí, surgen todos los días pero por pensar en ellos una y otra vez no se van a resolver antes ni mejor, concéntrate en las herramientas para solucionarlos y en las cosas buenas y bonitas de tu vida y si realmente no puedes hacer nada por solucionarlo, acéptalo y aprende la lección que pueda haber detrás de él.

Proyéctate en lo bueno que ya tienes y que por tenerlo delante precisamente muchas veces no valoramos. Agradece todas esas cosas buenas de tu vida.

-Tu lenguaje corporal, reflejo de tu determinación y amor propio.

Tiene que ser congruente con la seguridad que tú estás buscando en ti y tratando de transmitir al exterior, no permitas que te boicotee. Espalda recta, cabeza alta, paso firme, mira a los ojos a la persona con la que hablas, sonrisa sincera.

Siente como captas la atención y eres merecedora de ella.

Conocerse es un proceso dinámico, tiene que haber coherencia entre:

-la imagen que ofreces al exterior,

-lo que tú crees que eres y

-lo que realmente eres.

Eres una mujer segura, que se quiere, que sabe a dónde se dirige, tu cuerpo tiene que ser una extensión de tu interior, tu proyección al exterior.

- Ante un fracaso no te pares. Llámalo experiencia.

Equivocarse, cometer fracasos forma parte de tu experiencia de aprendizaje, de salir de tu zona de confort, de lo conocido y seguro, de avanzar.

Aprende la lección para no repetir ciclos y eso sólo sucede cuando te paras, aceptas tu error, lo asumes y tratas de enmendarlo para la próxima vez que se ponga delante la misma situación.

Evita el exceso de autocrítica y perfeccionismo.

"El éxito oculta lo que el fracaso enseña", es prácticamente imposible alcanzar tu máximo nivel sin haberte equivocado alguna vez, de ser así aún muy posiblemente estés a un nivel más bajo del que puedes lograr.

-Practica a diario el diálogo positivo contigo misma.

Dite cosas positivas, trátate como la persona que más admiras y prémiate tanto por tus logros como por tu intención, no esperes a haberlos conseguido para felicitarte.

Nuestra voz interior siempre busca el autosabotaje, decirte que no serás capaz, que no lo mereces, pero tú puedes entrenarte para que no suceda.

Nuestra mente no está diseñada para hacerte feliz, su misión es hacerte sobrevivir, proporcionarte placer de manera rápida y ahorrar energía y en este punto el cerebro es tan primitivo que piensa que la energía es sólo para cazar y reproducirse.

Por eso todo su funcionamiento está encaminado al ahorro de energía hasta cuando compramos determinados artículos. Y aprender es fácil, lo realmente difícil por el gasto de energía que supone para él es desaprender, borrar toda su información y volver a llenarla.

-Prepara una lista por escrito con dos columnas: valores y metas.

En una escribe lo que te gusta y valoras de ti, las cosas buenas de tu vida, lo que haces muy bien y en la otra columna anota lo que quieres lograr, tus anhelos, tus sueños, tus metas.

Cotéjalas y comprobarás que de aquello que estés más orgullosa de ti podrás sacar las herramientas para alcanzar lo que quieres lograr, tu mejor proyecto de vida.

Prepárate para triunfar, para el éxito, créetelo y no te pongas excusas por tu nacimiento, tu falta de dinero, tu poca o mucha belleza, tu falta de conocimientos o de preparación.

Concéntrate en tus fortalezas y piensa que todas esas personas que admiras porque ya lo han logrado seguro también tuvieron algún día bajo.

Algo muy importante: sueña en grande y piensa en pequeño. No se trata de bajar la incertidumbre para contentar a tu cerebro, no.

Muchas personas bajan el tamaño de sus sueños para adaptarlos a sus circunstancias, pero el placer que obtienen es temporal, su sueño permanece dentro de ellos y sólo consiguen frustración, depresión y ansiedad.

Busca y empieza con estrategias pequeñas para lograr tu meta.

Tienes que ser realista, sal a buscarlo, actúa, haz que las cosas pasen e imita al mejor, siempre busca un punto de referencia en quien ha llegado antes a donde tú quieres llegar, aunque siempre, siempre siendo auténtica, manteniendo y potenciando tu autenticidad, no convirtiéndote en una copia de esa persona que admiras.

Y, sobre todo, ten tu mente abierta a nuevas oportunidades pero sin desviar la atención de tu objetivo.

Siempre centrada en un enfoque único, eliminando el resto de posibilidades más cómodas pero que sólo te permitirán quedarte en lo conocido, donde ya estás pero no quieres estar.

"No existe viento favorable para quién no sabe dónde va", Séneca.

A medida que vayas alcanzando objetivos, sube el volumen de tus miedos, escríbelos al lado de tus metas y de tus logros y no le tengas miedo a tus miedos, ellos te impulsarán a seguir creciendo hasta llegar a lo más alto.

¿Qué te da más miedo quedarte dónde estás o fracasar en el intento?

El que no se atreve a embarcarse en sus proyectos por miedo, conocer una persona, cambiar de trabajo, independizarse, lo que sea, no vive su vida, vive el miedo.

Pregúntate ahora qué harías y cómo te sentirías si consigues eso que tanto has anhelado.

Llénate de esa energía positiva sintiéndote más segura de ti misma.

-Trabaja ahora tu voluntad

La voluntad es tu capacidad de autogobierno. Practica ahora en pequeñas cosas un hábito de posponer las recompensas, la gratificación instantánea.

Controla tus impulsos: me apetece pero no lo hago ahora, pospongo mis impulsos, mis apetencias. Una persona con voluntad llega más lejos que una persona inteligente.

Entrénate ahora en cosas pequeñas y no te frustrarás si empleas más tiempo en alcanzar tus logros importantes, sabrás que la recompensa está después de la espera y no abandonarás tus proyectos antes de conseguirlos.

Hoy en día las adicciones están en alza, buscamos minutos de felicidad, gratificaciones instantáneas.

A los ya clásicos, comida, alcohol, pornografía, juego, se suman la adicción a las redes sociales y al móvil entre otras.

Nos angustiamos si no miramos el móvil hasta tal punto que estudios han demostrado que nuestro cerebro pierde la concentración a los 20 minutos, necesita reactivarse continuamente porque hemos introducido nuevos estímulos que desvían nuestra atención.

Ejercita tu voluntad, empieza con pequeñas cosas, por ejemplo, ese dulce que pensaste en comer ahora, espera, controla esa apetencia, posponlo para más tarde.

Le estarás diciendo al cerebro que sabes esperar, no te vas a dejar llevar por impulsos.

Si entrenas con pequeñas cosas, lo lograrás con grandes metas.

.Educa tu atención.

Recibimos tanta información y tan poca formación, que hemos logrado una sociedad tecnológicamente más avanzada pero mucho más deshumanizada. Continuamente estamos recibiendo información y estamos continuamente dispersos.

Y como hacemos una cosa las hacemos todas, tenemos que fijar la atención en lo realmente importante y no desviarnos de nuestras metas, hacer limpieza de todo lo que nos pueda distraer.

.Vete a dormir siempre positiva, agradecida e ilusionada.

Si has conseguido levantarte con una actitud positiva y mantenerla durante el día y has puesto tu atención claramente en tus objetivos parece obvio que deberías hacer lo mismo al acabar tu jornada.

Sin embargo, muchas veces nos entregamos al descanso con nuestra mente llena de problemas y pensamientos negativos.

Debemos limpiar nuestra mente y reforzar lo positivo del día, agradecer y mantenernos en una visión positiva de nuestro propósito.

Un segundo antes de caer en el sueño es el momento más

valioso del día, cuando el córtex cerebral se apaga y tú sigues en una conciencia despierta.

La mente ha abandonado el control, pero no la conciencia, deja el cambo abierto a tu mente inconsciente que es la que conoce tus deseos más íntimos.

Imagínate si entras en ese estado visualizando tu éxito, el sueño puede aportarte revelaciones importantes y por supuesto, despertarás con la actitud necesaria para mantenerte en tu objetivo.

Te resumo LOS HÁBITOS DE LAS PERSONAS EXITOSAS ANTES DE IR A DORMIR. Empieza desde hoy a practicarlos.

. Leen un libro, no mails, ni mensajes, ni redes sociales, sino un libro de calidad.

. Se desconectan del trabajo, ya han trabajado durante todo el día y obtienen así la energía suficiente para funcionar y producir lo máximo al día siguiente.

.Se desenchufan por completo, ni correo electrónico, ni mensajes ni redes sociales, muchos dejan fuera de su dormitorio teléfonos, tablets u ordenadores.

.Hacen una lista de tareas, planifican su día, priorizan cada una de ellas en función de la urgencia e importancia, así ya saben que les deparará su nuevo día.

Acorde con esto puedes dejar preparado también tu estilismo, la bolsa del gimnasio, el desayuno, ahorrarás tiempo y energía y evitarás el stress de las prisas y contratiempos de la mañana.

.Pasan tiempo de calidad con su familia, se llenan de buena y reconfortante energía. Si tienes temas delicados o difíciles por tratar no los trates nunca por la noche antes de ir a dormir, búscales otro momento durante el día.

.Algunos hacen ejercicio, aunque sea un paseo de veinte minutos. Atrás quedó esa teoría de que el ejercicio antes de dormir puede impedir el sueño.

.Se reflejan en las cosas buenas de la jornada.

Escribe un diario, o al menos hazlo mentalmente. Dedica todos los días unos minutos a revisar tus experiencias, tanto los triunfos como los fracasos.

Agradece tu día, a pesar de cómo haya sido, si llenas tu mente de gratitud, llenas tu vida antes de dormir.

. Imaginan el éxito de mañana.

Visualiza cómo será tu día siguiente. Imagínate hermosa, bien arreglada y vestida triunfando y viviendo experiencias positivas a lo largo del día.

. Meditan.

Es la mejor forma de apagar nuestro cerebro y relajar todo tu cuerpo y mente.

. Planifican su sueño.

Mantén hábitos saludables en cuanto a la hora de irte a dormir y las que vas a dedicar a ello, es prioritario dormir las horas suficientes.

Programa tu despertador y despiértate antes de que suene la alarma, prohibido apagarlo y seguir durmiendo.

Y ahora pregúntate, tengo sólo intención o tengo también capacidad de ejecución.

La felicidad no la encontrarás haciendo siempre lo que quieres, sino queriendo siempre lo que haces.

Todos queremos cambiar pero sólo un selecto porcentaje actúa y se compromete para lograr su cambio.

¿Perteneces a esa selecta minoría?

Convéncete hasta que se haga realidad.

"Tú eres la criatura más valiosa que existe en el Universo, única e irrepetible creación, no existe ni ha existido ni existirá nadie igual a ti y estás aquí, en este momento porque ha sido especialmente diseñado y seleccionado para ti."

Repite aquí y ahora tu lista de valores y metas y pon la fecha de hoy.

Hazlo con todo lujo de detalles.

Si quieres tener pareja, define claramente cómo quieres que sea esa persona, si deseas ganar más dinero, especifica cuál sería la cantidad exacta, si quieres más tiempo libre, anota cuánto tiempo desearías.

Hazlo claro y específico, son tus anhelos, nadie mejor que tú para clarificar qué es lo que quieres alcanzar antes de que esta vida termine para ti.

No albergues dudas, hazlo claro y específico, sin prisa, en un sitio tranquilo, dedica el tiempo que consideres oportuno.

Estás construyendo tu mejor vida.

MIS MEJORES VALORES O TALENTOS:

....
....
....
....
....
....
....
....
....

MIS SUEÑOS:

....
....
....
....
....
....
....
....
....

En , a de de .

Firmado:

"Nunca pongas límite a tu valía,
ni te conformes con menos de lo que mereces.
Si lo haces, recibirás recompensas limitadas".

El menú de tu fiesta

Hemos preparado el más completo y nutritivo catering que alcances a imaginar, elegantes camareros continuamente ofrecen a los invitados ricas y apetitosas delicias.

Todo está saliendo a la perfección, la alegría y el disfrute se sienten en el ambiente, la buena energía y la alta vibración son casi palpables, nada altera el ambiente festivo.

No lo olvides, estamos celebrando tu Nuevo Nacimiento como Mujer Verdadera, el inicio de tu transformación en aquello que siempre quisiste ser, descubriendo tu Esencia.

Tú eres Riqueza, Abundancia y Amor, todo está disponible para ti, tú lo has creado, tu única labor es eliminar los obstáculos y barreras mentales que se interponen en tu camino a la meta.

En tu día a día es fundamental que te llenes de Energía Vital para Ser Auténtica y que elimines el stress o la preocupación que te paraliza e incluso te enferma.

Fuentes principales de Energía.

Todos quisiéramos tener mucha más energía y cuando sentimos que nos falta la buscamos a través de sustancias como el café o incluso bebidas o barritas que llaman energéticas.

Solemos pensar que la mejor manera de elevar nuestra energía es a través de la alimentación, el deporte y el descanso, dormir bien.

Sin embargo, comparto la lista que ha elaborado Jürgen Klaric como verdaderos manantiales de energía.

Es indudable que una alimentación sana, nutritiva y equilibrada es importantísima y debe ser tu objetivo a la hora de alimentarte.

Hacer ejercicio moderado también reduce el stress, pero por sí solo no garantiza que te llenes de energía, eso sí te hará dormir mejor, pero en el descanso tampoco encontramos el punto álgido de energía.

Existen otros factores mucho más determinantes para elevar y mantener tu Energía Vital, de hecho los tres últimos de la lista son los fundamentales.

.El Sexo.

¿Sabías que el sexo es una fuente de energía potentísima para la mujer pero resta muchísima energía al hombre?

Es una de las prácticas universales más gratificantes que existen desde los tiempos más primitivos de nuestra historia, la energía que se genera en el acto sexual produce sensaciones de armonía, gozo, paz, bienestar y tranquilidad.

Somos muy afortunadas.

En cambio, el hombre pierde energía al practicar sexo, energía que debería ir a su cerebro, los micronutrientes que emplea en la elaboración del semen son los mismos que alimentan su cerebro, así que éste no los recibe.

¿Entiendes ahora por qué los futbolistas, por ejemplo, tienen prohibido practicar sexo diez días antes de una competición importante?

.Meditar.

Es clave, es la mejor forma de apagar nuestro cerebro. Nuestro cerebro es sólo el 5% de nuestra masa corporal pero consume el 24% de la energía corporal total.

La meditación es una fórmula de conectar contigo mismo y aislarte de los problemas cotidianos, aunque sólo sea por 10 minutos al día.

.Respirar.

Es fundamental saber respirar ante situaciones de estrés, fíjate en grandes deportistas y pruébalo en ti.

Antes de cualquier enfrentamiento, conversación importante, negociación, hablar o actuar en público, lo hemos visto, realizan respiraciones profundas que les llenan de energía.

.TU ENTORNO.

Ya te he hablado de la importancia de la gente que te rodea para tu nivel de energía.

Ahora vas a realizar un pequeño y sencillo ejercicio práctico.

Escoge seis personas cercanas a ti y puntúalas del 0 al 10, siendo 0 si te han hecho perder mucha energía y 10 si te han aportado muy buena energía.

Suma todas las cantidades y divide entre 6. Tú eres el promedio energético de las seis personas que más energía te roban o te aportan.

Lo ideal es que la cifra resultante estuviese en torno a 7, porque ¡ojo¡ llenarse hasta un 10 de energía no es lo más positivo siempre, lo ideal es saber canalizar esa energía.

Las personas que más energía roban suelen ser los familiares cercanos, si es tu pareja es mejor terminar la relación y si son tus padres o hijos, lo mejor es mantener distancias.

La peor que puedes hacer es pelear, discutir te roba toda la energía.

.LA ACTITUD.

Ser solidario, positivo, no hablar de los demás, ser agradecido, es la clave.

Debemos huir de los problemas de los demás, cuando alguien pretenda contarte sus problemas pregúntale cómo puedes ayudarle para solucionarlo, dile que quieres hablar de soluciones, no de problemas.

Ten siempre en cuenta que hay personas que no quieren hablar de soluciones, ya no tienen energía para encontrarla, su hábitat más cómodo es vivir en el problema, la mente es adicta a los problemas.

.El dinero bien habido.

Es la clave de la vida.

Cuando tienes mucho dinero te llenas de energía, muchos problemas encuentran solución rápido. En cambio, cuando te falta te llenas de miedo.

¿No te ha sucedido que dispones de una cierta cantidad de dinero más abundante para ti de lo normal?¿Cómo te has sentido?

¿Y cuándo empieza a disminuir esa cifra?¿Qué le sucede a tu energía?

.Tu vocación.

Esta es la fuente de energía más poderosa.

Cuando encuentras tu propósito y vives con pasión puedes llenarte de energía.

Olvidarás comer, dormir, el ocio, te sentirás pleno en tu propósito y lo convertirás en tu trabajo para desarrollarlo más y llegar a más personas con tu labor, estarás trascendiendo, que es una de las satisfacciones más grandes del ser humano.

Es sorprendente pero el 90% de las personas no sabe ni por qué se levanta por las mañanas y cubre ese vacío con sensaciones como comer, comprar o navegar por internet.

Ahora bien, la Energía tiene que ir acompañada de valores.

Ejemplos de personajes históricos con mucha energía y pocos valores pueden ser Hitler o Augusto Pinochet mientras que Jesús, Buda, Ghandi, Maria Teresa de Calcuta poseían muchos valores sumados a grandes dosis de energía y han dejado un importantísimo legado en nuestra historia.

Cuando crece tu energía, crece tu Ser, tus valores, tu vida , tu felicidad.

Por el contrario,

¿Qué sucede en nuestro cuerpo cuando estamos en estrés o alerta permanente?

La Doctora Marian Rojas Estapé, destacada psiquiatra, se refiere siempre en sus conferencias al cortisol y explica cómo mantenerlo en niveles adecuados para no alterar negativamente nuestro mejor estado emocional.

Nuestro cuerpo segrega una hormona, el cortisol, que es fundamental para sobrevivir, es la hormona de la supervivencia, la que nos hace huir si vemos un león o ante una situación de inminente peligro.

Cuando esta hormona se activa tarda horas en volver a su nivel.

Pero lo más curioso es que sólo con recordar el suceso que ha provocado la subida de cortisol, ésta vuelve a elevarse, sólo con pensar en negativo nuestro cuerpo sufre igual que si estuviese sucediendo.

Y curiosamente el 90% de las cosas que nos preocupan no suceden, pero vivimos en la alerta constante de que suceden o puedan suceder, con lo cual nuestro nivel de cortisol está muy a menudo en niveles elevados.

Las consecuencias a nivel físico se traducen en pérdida de cabello, molestias intestinales, migrañas, taquicardias.

Y a nivel psicológico provoca alteraciones en los patrones del sueño, fallos en la memoria, irritabilidad, hasta depresión.

La gente que vive en ansiedad continua tiene continuamente el cortisol elevado, su capacidad a la hora de tomar decisiones y resolución de problemas se encuentra claramente mermada.

Curiosamente las formas de bajar el cortisol son las mismas que hemos recogido para llenarnos de energía vital....

Deporte, pensamientos positivos, rodearse de personas vitamina y alejarse de personas tóxicas, meditación y Mindfulness y añadir Omega 3 a tu alimentación, que es un poderoso antiinflamatorio.

Ahora ya sabes cómo mantener tu energía y reducir el stress de tu vida, no olvides ponerlo en práctica y empezar el día siempre con una sonrisa y tu mejor actitud deseando recibir las cosas buenas que has planificado para ti antes de dormirte.

Sé que la teoría es fácil, sé que si todos lo practicásemos todos los días, seríamos poco menos que imparables, sé lo que cuesta cambiar nuestros hábitos.

Lo sé porque yo lo he comprobado incluso mientras escribía estas líneas para ti.

No han sido los mejores días de mi vida, muy al contrario están siendo días de cambios, de toma de decisiones importantes y de decepciones que lastiman pero te garantizo que poniendo en práctica los consejos que te enumeré he transformado lo que para muchos serían días de pesadilla por días de aprendizaje.

He pasado del llanto a la risa en cuestión de minutos.

Me sorprendí una mañana al levantarme, creyendo que lo hacía con ilusión como todos los días.

-"Va a ser un buen día", me dije, cuando en realidad era un día más en este proceso de cambios que estoy viviendo.

Pero descubrí que hacía días no le sonreía a la imagen del espejo, le decía a mi mente que fuera positiva pero yo no lo transmitía al exterior, imposible que mi ser reaccionase.

Me di cuenta y reaccioné.

6 de la mañana, una canción con ritmo en el móvil y mi mejor sonrisa.

Automáticamente mi cuerpo se soltó a bailar, a celebrar, había olvidado por unos días sonreírme a mí misma, expresar mi energía y entusiasmo, mi mente no recibía señales físicas que le confirmasen las emociones que la obligaba a sentir.

Ahora sí, mente y cuerpo iban de la mano.

Recuerda, oblígate a sonreír, a sentirte feliz sin motivo, practícalo a diario, hoy, mañana, engaña a tu mente, es contagioso y es realmente transformador.

Y sucedieron ese día cosas no del todo buenas.

Al contrario, unos cuantos envites que me llevaron a las lágrimas por unos minutos, al desamparo, a sentirme incapaz, incomprendida, a la impotencia que no me permitía encontrar soluciones y sólo me conducía al mismo círculo vicioso.

Cuánto más pensaba más motivos tenía para sentirme así: pequeñita, indefensa, incapaz de seguir.

Afortunadamente, la práctica del pensamiento positivo te permite frenar esas emociones negativas, no dejarlas que te dominen y te impidan encontrar respuestas si las hay o al menos alejar el sufrimiento innecesario de tu mente.

Yo decido aún con lágrimas en los ojos volver a sonreír, desechar la basura de mi cabeza y mágicamente todo se transforma a tu favor, surgen alternativas y los problemas se convierten en soluciones.

Y ahí, en ese momento de claridad, realizo esa llamada de teléfono que me impedía avanzar.

No me creas, compruébalo hoy mismo con ese dificultad que ocupa tu mente y tú la llamas problema.

¿Qué puedes hacer para solucionarlo?

¿Depende plenamente de ti la solución?

No te enfoques en el problema, obsesiónate en la solución y si no la hay, toma aire, asúmelo y enfócate en las otras cosas de tu vida que requieren también tu atención.

“Me lo contaron y lo olvidé, lo vi y lo entendí, lo hice y lo aprendí”. Confucio.

Los diez ladrones de tu energía recogidos por el Dalai Lama

Todos los occidentales hemos oído hablar del Dalai Lama y nos apasionan sus reflexiones ¿quién no ha compartido alguna frase motivadora o relevante de él?

Para los tibetanos lo es todo, es el gobernador temporal y cabeza espiritual del Tíbet, se entrenan desde su más tierna infancia a través de una esmerada enseñanza que cubre todos los ámbitos de la vida budista.

No obstante, a pesar de su saber, autoridad y prestigio nunca es visto como una suprema autoridad doctrinal, no establece un modo de practicar.

Si lo comparamos con el Papa para la Iglesia Católica Romana, el Papa define la moral y el dogma, el Dalai Lama no, por eso creo que sus enseñanzas nos alcanzan a muchos de nosotros, independientemente de nuestra Religión.

Y por eso te traslado su reflexión sobre los 10 ladrones de

tu energía, aunque algunas ya las hemos apuntado anteriormente.

1. Deja ir personas que solo llegan para compartir quejas, problemas, historias desastrosas, miedo y juicio de los demás. Si alguien busca un bote para echar su basura, procura que no sea tu mente.

2. Paga tus cuentas a tiempo. Al mismo tiempo cobra a quién te debe o elige dejarlo ir si ya es imposible cobrarle.

3. Cumple tus promesas. Si no has cumplido, pregúntate por qué tienes resistencia. Siempre tienes derecho a cambiar de opinión, a disculparte, a compensar, a renegociar y a ofrecer otra alternativa hacia una promesa no cumplida, aunque no como costumbre.

La forma más fácil de evitar el no cumplir con algo que no quieres hacer, es decir NO desde el principio.

4. Elimina en lo posible y delega aquellas tareas que no prefieres hacer y dedica tu tiempo a hacer las que sí disfrutas.

5. Date permiso para descansar si estás en un momento que lo necesitas y date permiso para actuar si estás en un momento de oportunidad.

6. Tira, levanta y organiza, nada te toma más energía que un espacio desordenado y lleno de cosas del pasado que ya no necesitas.

7. Da prioridad a tu salud, sin la maquinaria de tu cuerpo trabajando al máximo, no puedes hacer mucho. Tómate algunos descansos.

8. Enfrenta las situaciones tóxicas que estás tolerando, desde rescatar a un amigo o a un familiar, hasta tolerar acciones negativas de una pareja o un grupo; toma la acción necesaria.

9. Acepta. No es resignación, pero nada te hace perder más energía que el resistir y pelear contra una situación que no puedes cambiar.

10. Perdona, deja ir una situación que te esté causando dolor, siempre puedes elegir dejar el dolor del recuerdo.

Y me paro en este último punto, el Perdón, y comparto contigo posiblemente la revelación más importante de mi vida, que he vivido de una forma tan maravillosamente mágica y que me ha trasformado con una intensidad y profundidad tan inmensas que resulta incluso difícil de explicar.

PERDONAR A QUIEN NO SABÍA QUE TENÍA QUE PERDONAR

Al menos, dos veces al año acudo a eventos intensivos de crecimiento personal. Sabes que uno de mis mentores ha sido y es Laín García Calvo, autor de la saga la Voz de tu Alma y él organiza el Evento Vuélvete Imparable, acabo de regresar del último que se celebró.

En estos eventos se alcanzan unos niveles de energía y vibración altísimos, más de mil personas unidas por un propósito común de desarrollo emocional, buena voluntad, unión y amor incondicional.

Durante jornadas de más de 14 horas trabajas intensamente en ti, en tus emociones, en tus traumas, en tus miedos, potenciando tus recursos internos. El resultado es transformador.

Si recuerdas lo que te conté de mi infancia, hace casi cuarenta años que perdí la relación con mi padre, con una de las personas que me ha dado la vida, que yo seleccioné para ser mi progenitor.

Me aparté o se apartó, nunca lo sabré ni importa ya, cuando su matrimonio con mi madre se rompió.

Durante años he escrito cartas de perdón como las que te recomiendo escribir a ti. Y de ellas sólo salía...

"Lo siento, me he acostumbrado a tu ausencia, no te he necesitado ni te necesito. Lo siento, te pido perdón pero no siento nada y te perdono porque gracias a ti soy la mujer que soy".

Esos han sido durante cuarenta años mis sentimientos, y me justificaba y pensaba que ya hacía algo extraordinario.

Hoy percibo el profundo rencor en esas líneas ¡¡¡y pensaba que era mi carta de perdón!!!

Y mi gran liberación se produjo en este Evento, por primera vez aparté mi papel de víctima, de niña abandonada que no ha tenido una familia unida y pensé en mi padre.

Siempre había pensado en el dolor de mi madre y en el mío propio y de mis hermanos, pero nunca me había permitido pensar en el sufrimiento de él.

Entendí que como todo padre él sólo había sabido hacer lo mejor que había podido, conforme a la educación recibida y a sus propios traumas.

No supo hacerlo mejor y sentí en ese momento, por primera vez en mi vida su dolor, su sufrimiento y un deseo irrefrenable de pedirle perdón, yo tenía que pedirle perdón a él y a mí misma.

Cuando te digo que todo sucedió mágicamente es porque así fue.

En ese mismo momento, aún con lágrimas en los ojos escribí a mi hermana para pedirle su teléfono y llamarle, ella hacía 25 años que no le veía pero sí habían hablado alguna vez.

-*"Ya no tengo su número, Roci, lo encontrarás en la guía telefónica"*, me dijo.

Lo hago, encuentro su número y cuando al cabo de unos días me dispongo a realizar esa llamada sin saber ni si quiera qué iba a decir o si él querría hablar conmigo, sucede que el teléfono ya no está operativo.

Oh, Dios, sí había una dirección, podía escribir una carta pero nunca sabría si llegaría a sus manos. Fue una opción que barajé, pero descarté al poco.

Entendí que el Universo quería que buscase a mi padre, que me encontrase con él.

¿Y qué iba a decirle? Una llamada hubiera bastado, no me exponía tanto a un posible rechazo, pero ir a su casa... a ratos mi mente me paralizaba y me decía "deja las cosas así, ¿qué vas a cambiar?"

No había opción, en un pueblo con cientos de casas vivía mi padre, si aún seguía vivo porque superaba los 80 años.

Mi hermana sabía que estaba cerca del cementerio, podría encontrarla, lo había hecho en otras ocasiones, en mi época de agente inmobiliaria buscado viviendas o propietarios sin la dirección exacta o equivocada y había dado resultado.

Con esto en la cabeza sólo faltaba escoger el día y no era

fácil, la falta de tiempo era la excusa y me hacía postergarlo un día y otro.

Afortunadamente un amigo, Borja Montés Llopis, me escribe y le comento lo que me está pasando, lo que quiero hacer y la revelación que he tenido.

Él es el autor de una maravillosa saga "A través de sus pequeños ojos" donde nos descubre la gran importancia de nuestra infancia en toda nuestra vida y la necesidad de conectar con nuestro niño interior, por supuesto te recomiendo su lectura.

Y Borja me da el empuje necesario. Era lunes por la tarde,

-*"Sí, voy el miércoles que mañana imposible, bla, bla"*

-*"No esperes al miércoles Roci, vete ya",* dijo Borja.

Realmente había otra cosa también importante que deseaba hacer y en el convencimiento de que me alcanzaría el tiempo a hacer las dos, escucho a mi corazón, mi Alma y me dirijo a buscar aquella casa cerca del cementerio.

No había tal casa, en las más próximas nadie conocía a aquel hombre que yo buscaba.

Recordé que en la única página de internet en la que aparecía mi padre como usuario de telefonía fija sí había una dirección, a lo mejor esa sí era correcta.

Era su casa, su mujer me recibió y le pedí que preguntase si quería verme.

"Pasa, claro, está enfermo". "Hucho", era su apelativo, está aquí Rocío."

Y allí efectivamente encontré a mi padre, algo pachucho en una butaca desde hacía casi quince días.

Aún no había ido al médico porque al día siguiente ¡¡miércoles!! tenía cita para realizar unas pruebas preoperatorias.

-" *Rocío... qué Rocío?*

Entre incrédulo y emocionado me miró y una lágrima rodó por su mejilla.

-"*Tenía ganas de verte papá".*

- " *Yo también hija", me opero en unos días y creo que será mi última operación.*

Bueno, son cosas que dicen todas las personas a una determinada edad.

Pasamos un rato divertido, con total naturalidad, como si el tiempo se hubiese parado, intercambiamos teléfonos y quedé en ir a comer con mi hija antes de su operación.

Salí de allí flotando, me había liberado, había cambiado ya antes de ir la percepción de toda mi vida, pero tener la oportunidad de volver a verle, sentir que no había pasado el tiempo (cuarenta años es toda una vida) y llegar a pedirle perdón para mí había sido mágico, entendí plenamente lo que es el Perdón cuando nace de ti como una fuerza indescriptible y purificadora.

Les conté a mis hermanos lo que había hecho y les di el teléfono de mi padre por si querían verle antes de su operación.

Mi hermana sí se puso en contacto para interesarse por ese preoperatorio.

Lo que no imaginábamos nadie es que esa operación no llegaría a realizarse. En esas pruebas los médicos detectaron algo que lo llevó de nuevo al hospital para repetirlas.

Aquellos dolores eran consecuencia de un cáncer de pulmón terriblemente extendido que no le permitiría ya abandonar el hospital.

¿Alcanzas a imaginar qué hubiese sucedido si no hubiese escuchado mi Alma pidiendo perdón y queriendo perdonar?

Muy posiblemente ni yo ni mis hermanos nos hubiésemos despedido de mi padre, pues su mujer no tenía nuestros teléfonos ni sabía cómo contactar con nosotros.

No podíamos cambiar tantos años de ausencia y distancia, pero creo que hemos creado el mejor presente posible para despedirle.

Fue él quien pidió ver a mi hermano aún sin saber la gravedad de su estado y pese a las rencillas del pasado mi hermano permaneció a su lado todos los días que duró el ingreso hospitalario.

La percepción de mi vida pasada había cambiado, todo cobraba sentido, cicatrizaban aquellas viejas heridas y creo sinceramente que al activar mi perdón, la mañana del seis de enero, día de Reyes, mi padre se fue en paz.

Ahora, te vuelvo a preguntar.... ¿tienes alguna cuenta pendiente que necesites perdonar o alguien a quién pedir perdón?

Cuando sientas esa necesidad, no dudes, sigue tu mejor instinto.

La historia de mi vida tendría otro final si no hubiese escuchado a mi corazón, sólo un día que hubiese demorado, que no hubiese actuado y no estaría escribiendo estas líneas con la inmensa paz y gratitud con que lo hago.

Practica el arte de resolver tus problemas desde la reconciliación y el perdón.

Lo siento,

Perdóname.

Gracias,

Te Amo.

"Cuando tienes un sueño y vas tras él,
el Universo entero conspira a tu favor".

PAULO COELHO.

La tarta: tu propósito de vida, tu por qué

Toda celebración tiene un momento mágico, no hay festejo sin él, el momento de la llegada de la tarta.

La de hoy es la mejor, la más bonita y deliciosa que alcances a imaginar, ha sido elaborada con los mejores ingredientes...

Amor, pasión, felicidad, optimismo, fe, voluntad y unas gotas de compromiso.

Disfruta de la sensación de sentirte premiada, halagada, cierra tu ojos y piensa en tu deseo, aquello que deseas se cumpla, piensa en tu motivación.

Tú quieres éxito en tu vida, ¿no?

¿QUÉ ES PARA TI EL ÉXITO? ¿QUÉ TE HARÍA SENTIRTE BRILLANTE, EXITOSA?

¿Qué tendría que suceder para que tú sientas que estás dónde quieres estar, dónde siempre soñaste?

Cada uno de nosotros aporta un significado distinto a la palabra Éxito: libertad financiera, tiempo para ti, tiempo para los tuyos, desempeñar el trabajo que te gusta y destacar en esa área.

¿QUÉ SIGNIFICA PARA TI?

El éxito es aquello que deseas, es único para cada uno de nosotros, es el deseo profundo de tú corazón y no lo que la sociedad, tu familia o tu entorno entendieron por éxito para ti o para ellos.

Párate y escribe aquí qué te haría sentirte exitosa, define quién eres tú y qué es lo que quieres lograr en la vida, en qué persona quieres convertirte, eso que dice tu corazón es la persona que siempre viniste a ser.

No tengas miedo a escribir lo que realmente sientes, no pongas límites a tus sueños, escribe y si realmente decides ser exitosa tú sueño no será negociable para ti, pondrás toda tu energía, enfoque y tiempo en conseguirlo.

Yo me sentiría exitosa si fuese o hiciese:

....

....

....

....

....

Y lo puedo conseguir. Si lo pensé, es posible para mí. Aún no sé el precio que tengo que pagar, será proporcional al tamaño de tus sueños, no lo dudes, pero sé que quiero lograrlo, es lo que tienes que decirte.

DESCUBRE TU PASIÓN.

Es Ahora, es el momento de dejar salir desde lo más profundo de tu corazón tus deseos más ocultos o aquello que llevas tiempo deseando.

Muy posiblemente coincidirán con tu lista anterior, no pienses que ya los escribiste y estás repitiéndote, quiero que los recuerdes cada día, todos los días de tu vida.

Son tus anhelos, no sueños imposibles, difíciles de alcanzar pero posibles para ti, otros han podido antes que tú y sino tú serás la primera en lograrlo.

Sólo con pensarlo y desearlo no va a suceder, eso ya lo sabes, sino ya estarías en ello, el verdadero éxito no se alcanza, se experimenta durante el proceso.

Pero sí es momento de definirlo con todo lujo de detalles, de darle la forma exacta, su dimensión, de especificar cuáles son tus prioridades y cuánto estarías dispuesta a pagar por disfrutar de aquello que hoy anhelas.

Y no es siempre tarea fácil.

Todos deseamos ya desde niños trabajar en aquello que nos apasione, pero no siempre tenemos claro ni lo qué es y es normal encontrar personas, la mayoría, que trabajan en algo que no les motiva ni apasiona, parecen resignadas a intercambiar su vida por un montante económico necesario para sobrevivir, pero que realizan sin motivación, al contrario, les hace vivir con frustración, esperando que les toque la lotería o alguien cambie su vida con una varita mágica.

A lo mejor no es tu caso, a lo mejor tú ya tienes claro que te apasiona y en qué quieres enfocar tu vida y convertir cada día en una experiencia gratificante, en aquello que te hace sentir que tu vida tiene un sentido transcendente más allá de la mera supervivencia.

Enhorabuena, no es fácil para todo el mundo.

Pero si llevas un tiempo, semanas o incluso años cuestionándote sobre las razones de continuar en tu trabajo actual o sientes que la actividad que realizas no te llena plenamente y quieres darle un giro a tu vida y encontrar un nuevo rumbo que te haga vivir más motivada es el momento de al menos planteártelo.

Es el momento de dedicar el tiempo necesario a intentar descubrir cuáles son tus deseos más ocultos, aquello en lo que te sentirías brillando y te motivaría a seguir creciendo, sobre todo, a progresar porque en el progreso encontrarás tu felicidad.

Tú eres especial, no estás viendo televisión en este momento o dejando que tu vida pase sin más, dejándote llevar a la deriva, no tú estás planificando tu futuro, quieres más y buscas la fórmula para conseguirlo.

Siéntete afortunada porque ya has dado el primer paso.

Tú eres la única que puede encontrar tu pasión, tu don que te hace única está dentro de ti esperando a ser descubierto y potenciado para compartirlo con el mundo.

Tu talento es necesario que fluya y se expanda, en la contribución a los demás encontramos nuestro mayor progreso y si lo haces desde tu Pasión, la mezcla resultante es incalculable, crecerá, crecerá sin límites, tú la mimarás y la harás crecer desde la gratitud y la satisfacción.

Empieza por descubrirte y contesta a estas PREGUNTAS.

-¿A QUIÉN ADMIRAS Y POR QUÉ?

-¿QUÉ HACÍAS DE NIÑA POR HORAS Y HORAS QUE TE ENCANTABA?

-¿QUÉ ACTIVIDAD SERÍAS CAPAZ DE REALIZAR SI NO NECESITASES DINERO?

-¿EN QUÉ TE HAN DICHO TODA TU VIDA QUE ERAS BUENA PORQUE TE GUSTABA HABLAR DE ELLO CON PASIÓN?

A veces nos olvidamos de las cosas que hacemos bien y valoramos las de otros. Tenlas presentes, bucea en ellas porque ahí puede estar escondida tu pasión o tus pasiones.

-¿QUÉ TE EMOCIONA? ¿QUÉ TE HACE MÁS FELIZ?

Una parte de tu trabajo, un hobby, algo que hacías de joven, busca dentro de ti.

-¿TE PIDEN CONSEJO TUS AMIGOS SOBRE ALGÚN TEMA QUE DOMINAS Y NO TIENE NADA QUE VER CON TU TRABAJO?

-¿CUÁLES SON TUS TEMAS PREFERIDOS? ¿ QUÉ LIBROS O REVISTAS LEES? ¿ A QUIÉN SIGUES EN INTERNET?

-¿QUÉ PROFESIÓN TE GUSTARÍA DESEMPEÑAR AUNQUE SÓLO PIENSES EN ELLA EN SECRETO?

ANÓTALO, ES PARA TI, nadie va a leerlo.

Es posible que la idea de lo que siempre quisiste hacer esté escondida en tu mente y en tu corazón y el miedo o la falta de confianza en ti no te deje aflorarla.

No importa lo imposibles que te parezcan ahora, anota lo primero que aparezca en tu mente ahora, pueden ser varios sueños.

¿Quieres ser escritora, cantante, médico, ejecutiva,

emprendedora, diseñadora, modelo, la mejor cocinera? Lo que sea que tu corazón te diga en este momento, anótalo.

-¿QUÉ HARÍAS SI SUPIESES QUE NO PUEDES FALLAR?

-¿CÓMO QUIERES SER RECORDADA CUANDO YA NO ESTÉS EN ESTE MUNDO?

-¿CUÁNDO FUE LA ÚLTIMA VEZ QUE TE ENTREGASTE COMPLETAMENTE A ALGO?

¿QUÉ ERA LO QUE TE MOTIVABA A TRABAJAR O EMPLEAR TANTO TIEMPO EN ELLO Y APENAS SIN ESFUERZO, SIN SENTIRTE OBLIGADA O SACRIFICADA?

ANÓTALO, sin miedo, deja que tu corazón se exprese, no lo limites más.

No es fácil descubrir tu pasión, lo sé. Déjame contarte algo.

Una de las ocasiones en que yo me contesté preguntas de este tipo creía haber decidido que mi pasión era el mundo de la belleza personal, ya había dado mis primeros pasos en esta dirección y no dejé que mi Alma brotase lo que realmente tenía que decirme.

Años atrás había sido más espontánea, por eso te pido siempre que pongas la fecha en tus anotaciones, había descubierto mi verdadera pasión pero no la creía posible para mí, para otros iguales que yo sí, pero para mí, parecía inalcanzable.

Contesté a todas estas preguntas que te he pedido a ti y me obligué a encontrar para ellas la mejor respuesta acorde a la decisión que ya había tomado, dentro del mundo de los negocios y del emprendimiento y ya sabes, con mucho esfuerzo inauguré dos centros de belleza en menos de seis meses.

Creía que una cadena de estos centros ofreciendo un servicio de calidad y honesto podía ayudar a muchas personas y que yo encontraría así mi verdadero propósito de vida.

Me equivocaba, al tiempo descubrí que la verdadera belleza que yo quería aportar a los demás era su propia belleza interior, así sí podía ayudar a otros de una forma única y mucho más enriquecedora para mí y para ellos.

Por muchos coach, mentores, escritores, motivadores o como quieras llamarlos que ya hay, existen demasiadas personas sufriendo por amor como yo había sufrido, desperdiciando su vida por no encontrar una guía, una brújula que les despierte de su ensoñación, que les confirme lo que ya saben pero no se atreven a creer.

Aun hoy demasiadas personas necesitan alguien que les corrobore que existe un mundo mejor alejado del sufrimiento, que pueden crear para ellas ese mundo maravilloso que han soñado y están dejando escapar.

Me sentía tremendamente egoísta si no compartía con el mundo el cambio que había experimentado en mí, había convertido mi victimismo en lecciones de vida y mi vida se había llenado de optimismo y riqueza interior.

Así sí, compartiendo con más personas mi aprendizaje, sentía plenamente y sin dudas que estaba en mi Pasión.

Recordé que mis regalos preferidos desde niña habían sido los libros, que pasaba noches enteras sin dormir leyendo, recordé aquella emoción tan profunda que provocaban en mí esas lecturas pero no me creía capaz de ser yo la que crease ese sentimiento en otras personas a través de la escritura.

Recordé que pasaba largas horas hablándole a la imagen del espejo pero durante años he sentido pavor a hablar en público, he admirado y admiro a quienes realizan charlas y conferencias pero jamás pensé que yo pudiese algún día hacerlo, yo no podría nunca, ellos sí, yo no.

Recordé que siempre he sido feliz ayudando a los demás, recordé cuántas veces me habían dicho "es que tú piensas mucho las cosas, le das demasiadas vueltas a todo".

Claro, hoy sé que siempre me había inquietado descubrir cómo funciona la mente humana, por qué nos comportamos de una determinada manera, por qué unos alcanzan lo que quieren y otros pasan su vida de puntillas, por qué sufrimos ante determinadas cosas y otras ni nos afectan, o a unos sí y a otros no.

Yo pensaba que era un terrible defecto dedicar mi tiempo a pensar, hoy sé que ahí está una de las claves de la prosperidad.

Siempre me decían, *"Roci eres demasiado buena, espabila".* Sé que querían decir que era tonta porque me negaba a ver maldad en la gente, intentaba darle un punto de vista positivo a todo hasta cuándo me lastimaban.

Hoy sé que estaba en lo cierto, no hay malos ni buenos, sólo maestros y alumnos, personas heridas que no saben lo que les daña por dentro y trasladan su dolor hacia los demás para que a su vez éstos reaccionen y descubran sus verdaderos potenciales, sus verdaderos secretos que les harán brillar.

Y he sentido profundamente, dentro de mí, sin dudas, que mi Pasión es ayudar a los demás a liberar esos traumas y temores que no les dejan cumplir sus sueños y vivir en plenitud.

No podía guardar sólo para mí lo relativamente fácil que puede ser cambiar tu mundo si cambias desde dentro de ti.

Para ello, como dice mi Mentor, estoy quemando barcos, cerrando esos negocios que pensé eran mi sueño y sólo me estaban desviando y restando tiempo y enfoque de mi verdadero objetivo.

Por eso he escrito esta Trilogía y participo activamente en las redes sociales a pesar de mi temor a hablar en público y sé que estoy cumpliendo mi sueño de ayudar a otras personas a la vez que yo me siento plena, completa, ocupando mi sitio en este mundo.

Mis amigos, mi familia han pensado por algún momento que estaba perdiendo el juicio, que lo positivo era atender esos negocios y dejarme de locuras, les he escuchado, no he tratado de convencerles, bueno al principio sí, y he seguido el dictado de mi corazón.

No hemos nacido para agradar a nadie, sólo a nosotras mismas, nadie puede hacerte feliz, esa es tu única misión, descubrirla y no parar hasta darte cuenta de que estás haciendo todo lo humanamente posible para alcanzarlo.

No pasa nada si antes te equivocas como yo, ya lo enmendarás, pero no pares hasta descubrir qué te hace vibrar, qué te mueve más que nada en el mundo.

El día que descubres para qué has venido a este mundo, ese día todo cobra sentido, tus fatigas, tus ansiedades, tus sufrimientos, tus inquietudes, tu falta de motivación, tus peores experiencias.

Ese día todo encaja perfectamente, ese descubrimiento es la pieza que completa el puzle de tu vida.

¿Cómo no ibas a sufrir si estabas viviendo la vida que no te correspondía?

El Universo, Dios, quién tú quieras, te mandaba señales para que reaccionases pero aún estabas dormida, no sabías interpretarlas, necesitaste más dolor, más sucesos negativos, más errores, más frustración para despertar y encontrar tu verdadero camino.

DESPIERTA, haz que tu vida sea tu mejor experiencia, tu mejor regalo, por ti, por los tuyos y por los que están y los que vendrán.

Confío con entusiasmo que hayas sentido algo especial dentro de ti al leer estas líneas y hayas escrito desde lo más profundo de tu corazón, hayas podido transmitir a la escritura lo que tu yo interno necesita explorar.

Yo también me negué por un tiempo, me dije que no era capaz, que no estaba preparada, me equivocaba.

No hay límites en ti, si aún lo dudas sólo tienes una opción: comprobarlo tomando acción.

¿Has escrito desde el corazón, apartando los miedos?

A lo mejor necesitas revisarlo y comprobar que no has dejado nada pendiente, que no has dudado.

Créeme, por imposible que hoy parezca para ti, si lo sientes, si algo te dice "ojalá yo pudiese algún día hacer esto o tal cosa", anótalo.

¿Te imaginas conduciendo un fórmula 1 y aún no te has sacado el carnet de conducir y ya tienes 35 años o más? da igual, anótalo, lo que sea, créeme es posible para ti, ha sido posible para mi, por loco o inalcanzable que hoy te parezca, no engañes a tu corazón.

¿Y AHORA QUÉ?

El principal ejercicio que tienes que hacer ahora es mantenerte en ese propósito.

- Cuando cierres este libro e inicies tu rutina diaria de trabajo o vida debes mantener viva esa ansia que sentiste al escribirlo, ni mucho menos sentirte desmotivada o pensar que estás en el sitio equivocado.

No, todo lleva un proceso, disfruta cada momento actual sintiendo que forma parte de tu futura transformación.

Lo que estás viviendo hoy es necesario para alcanzar tus metas, lo que deberías sentir es que aparte de agradecer lo que ya tienes, eres merecedora de mucho más y este momento sólo es el inicio de tu nueva creación.

-Por ello agradece tu trabajo o situación actual, estar ahí ahora es lo que te va a permitir propiciar el cambio. Agradece todo, lo bueno y lo malo, el agradecimiento despierta más gratitud en ti y a tu alrededor y mantén siempre tu foco en lo que quieres lograr.

Por muy detestable que sea lo que estás haciendo en este momento, enfocarte en un futuro mejor te obligará a buscar recursos para llegar a donde tú quieras, sin límites.

Así que disfruta, saborea cada momento de tu vida actual pero sobre todo pon tu visión en lo que quieres alcanzar.

Mientras gestaba mi propósito de vida, he seguido realizando mi trabajo diario, saber que era transitorio y que era mi empuje necesario para alcanzar metas mayores me permitía disfrutar de él con más amor y entrega que nunca, formaba parte del proceso sentirme temporalmente incómoda para alcanzar la comodidad eterna.

Haz lo mismo con tu trabajo u ocupación actual.

Es importantísimo que te rodees de personas apasionadas, que no corten tus alas.

Si hoy, en tu vuelta a la vida real te encuentras con personas que detestan su trabajo porque aún no saben qué les apasiona, ni siquiera saben que es posible hacer un trabajo que amen y se han limitado, se han condenado a vivir sin ilusión, su energía puede contagiarte.

Suelen ser la mayoría y es fácil dejarse arrastrar por lo que hacen y piensan las masas, lo difícil es destacar en la manada, salirte del redil.

Paradójicamente es lo que diferencia a los que consiguen sus sueños de los que se quedan observando y envidiando a los hacedores y creadores de sueños. Estos no escuchan a las masas, sólo escuchan a su voz interior y admiran a quiénes ya han logrado lo que ellos desean, son su fuente de inspiración.

La mayoría critica a quienes logran riqueza, amor verdadero o una energía y vitalidad extraordinaria. Y en el mejor de los casos, si no los critican, justifican sus éxitos en la buena fortuna, en la tan socorrida buena suerte.

Afortunadamente, la Pasión es Energía y se contagia. Debes dejarte contagiar por las personas que creen y apoyen aquello en lo que tú crees, que sus sueños sean tan grandes o más que los tuyos.

No sólo te nutrirás de buenas ideas y motivaciones sino que reforzarás tu creencia de que hacer lo que uno ama es la norma, desecharás de tu cabeza cualquier idea que contradiga esta nueva creencia, para ellos es tan elemental como para ti, no existe otra forma de entender la vida, ésta carece de sentido sin este pensamiento.

¿ESTÁS RODEADA DE ESTE TIPO DE PERSONAS?

¿A TU ALREDEDOR HAY PERSONAS QUE TE INSPIRAN Y MOTIVAN?

¿ESTÁN HACIENDO COSAS SIGNIFICATIVAS O SON DE LOS QUE DICEN QUE LA VIDA

CADA DÍA ESTÁ PEOR, TODOS ESTAMOS IGUAL, CADA DÍA HAY MÁS CRISIS Y TODA ESA BASURA QUE PIENSAN DE SU VIDA PERO NO HACEN NADA PARA CAMBIARLA?

Rodearse de un entorno positivo, optimista y creador de experiencias y pasiones es posible, a lo mejor no en tu trabajo o entre tus amigos, pero hoy en día no existe límite en la comunicación.

En las redes encontrarás, seguro que ya estás en alguno de mis grupos, personas que compartan tus mismos ideales, no te aísles, súmate.

Te lo recuerdo a menudo, mis mejores amigos e inspiradores han surgido en la distancia, me he rodeado de personas maravillosas que creemos que podemos ayudar a los demás y entre todos dejar un mundo mejor cuando nos toque irnos de aquí.

Lo creemos y cada uno ha seleccionado su camino pero unidos por la creencia intocable de que es posible para todos y avanzamos y nos contagiamos día a día. Sus éxitos son los míos, mis éxitos suyos son, somos ejemplo mutuo de que ésta es nuestra realidad y de que es posible para todos.

CONVIERTE TU PASIÓN EN TU PROFESIÓN.

Piensa en ti.

¿Quieres ser emprendedora? Rodéate de emprendedores, siempre te van a animar a que empieces. No existe un buen emprendedor que te diga ni una sola vez que no lo intentes.

¿Te encanta el baile, se te da muy bien pero nunca pensaste en dedicarte a ello profesionalmente? Inspírate en quienes admires en esta disciplina, sígueles, estudia su trayectoria, acude a clases de baile, relaciónate con gente que ame lo que tú amas.

Sea cual sea tu pasión, haz una lista de lo que necesitas aprender, de las habilidades que tienes que perfeccionar, de la gente que ya ha alcanzado lo que tú deseas, introdúcete en este mundo y es ahí donde surgirán las oportunidades para ir creciendo en tu pasión y convertirla en tu profesión.

Nadie va a venir a tu casa a decirte que necesitan un bailarina para un determinado espectáculo, serás tú la que se presente a esa prueba de selección cuando llegue el momento y te hayas preparado. Tú harás que las oportunidades surjan y estarás atenta para aprovecharlas.

Acabo de ver en internet un vídeo de un hombre con una sola pierna bailando salsa maravillosamente, su muleta era su único sostén. Impresionante, baila muchísimo mejor que millones de personas que tienen sus dos piernas, incluso mejor que algunos profesionales. Esos son los ejemplos que tenemos que seguir e imitar.

¿Te imaginas la cara de aquellos a los que les diga que ha ganado campeonatos de baile? ¿Hacia donde dirigirían su mirada? ¿Cuántas veces habrá caído hasta conseguir controlar sus rápidos y precisos movimientos?

No hay límites que puedan frenarte cuando sabes lo que quieres y pones todo de tu parte para conseguirlo.

Sea cual sea lo que hayas definido como tu Pasión, tienes al menos cierto talento o puedas alcanzarlo piensa cómo traducirlo de manera que la gente estuviese dispuesta a pagarte por ello para convertirlo en tu profesión.

¿Haciendo qué te sentirías cómoda durante años?

Convierte tu pasión en tu profesión y no trabajarás ni un solo día durante el resto de tu vida.

Los miedos.

Puede ser que estés pensando sí yo quiero, sería feliz haciendo eso pero yo no puedo, no estoy preparada, no tengo tiempo, no soy lo suficientemente joven, hay demasiada gente haciendo lo que yo quiero hacer o nadie lo ha hecho, no voy a conseguirlo...

No, no, no. Todos tenemos miedos, los que han triunfado han tenido miedos.

-Reconoce tus miedos en vez de ignorarlos o rechazarlos. Ponlos por escrito bien claritos.

-Acéptalos, están ahí y te van a acompañar hasta que te acostumbres a ellos y surjan otros nuevos.

-Pregúntate ¿qué puede ser lo peor que suceda si no lo intento?

Ya sabes por experiencia que después de hacer algo que realmente te paralizaba y no te dejaba avanzar descubres que has podido, que no era para tanto. Nuestra mente ya lo sabes funciona así, ya no es nuevo para ti el funcionamiento de nuestro cerebro, tienes que utilizar ese conocimiento a tu favor.

-Actúa, pasa a la acción, da el primer paso, al siguiente aparecerá otro miedo diferente, incluso mayor, pero has superado uno, también puedes con éste y los siguientes.

Nuestro mayor miedo es ahondar en nosotros mismos para conocernos, hay que ser muy valiente para hacerlo, dejar de culpar a las circunstancias y al resto del mundo, reconocer que si tu vida no es como deseas es única y exclusivamente responsabilidad tuya.

Puede ser tremendamente doloroso hacerte consciente de que no existen circunstancias ni justificaciones que te impidan cambiar hoy mismo, que todo lo que te has limitado hasta hoy ha sido tu propia decisión.

Porque es ahí, dentro de ti donde están tus mayores secretos, la clave de todas esas limitaciones y también la llave para alcanzar tus mayores triunfos.

Tú lo has hecho, lo estás experimentando, ahí descubres dolorosamente que no te sientes realizada y que estarías dispuesta a hacer lo que fuese necesario para cambiar el rumbo de tu vida y coger con fuerza el timón de una vez por todas y para siempre.

No hay opción: o vives en la comodidad de no sentir miedo, te quedas como estás ahora, soñando un futuro mejor pero paralizada, sin impulsarte y actuar para conseguirlo o aceptas el miedo, despiertas y te haces dueña de tu destino.

Si quieres convertir tu pasión en tu profesión tienes que poner todo y más de tu parte. El cambio no sucede de un día para otro, tendrás que especializarte en todo lo concerniente a tu pasión, formarte, aprender de los mejores y encontrar la fórmula para convertirla en tu fuente de ingresos.

Y el recorrido es largo, tan largo cómo tú desees, requiere tu implicación, esfuerzo y disciplina.

Pero ante todo ese esfuerzo, cuando las cosas parece que no salen cómo esperabas, ante los obstáculos que surjan, recordarás los motivos que te empujaron a iniciar todo ese recorrido, volverás a tus anotaciones, ahí has dejado escrito a dónde querías llegar, lo que significaba para ti el éxito y será la fuerza que te empuje a seguir siempre hacia delante.

Sabías que si seguías haciendo lo mismo tus resultados serían los mismos.

Si tú siembras en tierra fértil patatas ¿qué recogerás al cabo de 120 o 150 días? Patatas evidentemente, para recoger tomates deberías haber sembrado semillas de tomate, ¿no?

Pues con tu vida sucede lo mismo, planta la semilla adecuada para recoger el fruto que seleccionaste.

Ya sabías que no iba a ser fácil, no está al alcance de todos, habrá tormentas, sequías, inundaciones, insectos que quieran dañar los frutos, en tu vida como en el proceso de la naturaleza habrá impedimentos, obstáculos pero tú eres Verdadera, te vas a comprometer contigo misma, plantarás tu sueño en tierra firme y recogerás tu sueño hecho realidad.

Y cuando pienses que no puedes continuar, mirarás atrás sólo para comprobar todo lo que has avanzado y ya no vas a retroceder porque tu dirección es sólo hacia delante, lo que un día decidiste que no te hacía feliz, ¿va a hacerte feliz ahora, cuándo ya has saboreado el placer del éxito, ahora que lo has sentido, que has salido a buscarlo?

¿Quieres vivir con propósito o simplemente quieres vivir?

Estamos en el mejor momento de la Historia, donde más fluye la Riqueza ilimitada, donde el ser humano está buscando ser fiel a su esencia.

Tienes que convertirte en esa persona dispuesta a recibir toda esa Abundancia, Riqueza y Prosperidad que están preparadas para ti.

Tú estás alineada con el Amor, la tranquilidad, el Perdón y la Gratitud, llevas tiempo invirtiendo en ti, en convertirte en tu mejor versión, ahora tu principal misión es creer que tu sueño está disponible para ti y tu labor es quitar los obstáculos y las barreras mentales que se interponen en el camino.

Conéctate con Dios, con el Universo, con la Energía creadora, con lo que tú sientas que crea y mueve el mundo y nunca, nunca te sentirás sola.

Incluye la Fe en tu vida, en tu ADN, cuando sientas que tú ya has hecho todo lo humanamente posible, que sólo un milagro puede salvarte, el milagro sucederá para ti.

Pero primero tú has de dar lo máximo de ti: "la fe hace que las cosas sucedan, no hace que las cosas sean fáciles" o expresado de otra manera "Ora como si todo dependiera de Dios pero esfuérzate como si todo dependiese de ti."

Surgirán los milagros en tu vida. Tú tienes la capacidad de obrar milagros en tu vida.

Tu mayor prueba de Fe será continuar apostando por tu sueño cuando todo a tu alrededor parezca indicar que está perdido o no sucederá.

Si amas tu propósito, lo tienes claro, lo sientes tuyo, tienes certeza, harás visible lo invisible. Cree para crear, ese es el orden. Creer lo ya creado, lo visible, te apartará de tus sueños, te limitará. Eso es lo que hace la mayoría.

Tú no, tú eres visionaria, crees y luego ves.

Existen mil frases motivadoras de uno de los mayores creadores de sueños, Walt Disney, hombre desafiado como pocos, siempre me he repetido ésta:

"Si tienes un sueño en tu corazón y de verdad crees en él, corres el riesgo de que se convierta en realidad".

Hoy cierro este capítulo con ésta: *"Nunca olvides que todo comenzó cuando dibujé un simple ratón".*

¿Con qué vas a empezar tú?

"No tengas miedo a ser tú, a ser grande, a decir lo que piensas de ti misma. No has nacido para agradar a nadie que no seas tú".

CUANDO SABES QUIÉN ERES, CUANDO CONECTAS CON TU ESENCIA,
ES IMPOSIBLE NO AMARTE.

La música

La velada está siendo perfecta, la orquesta que ameniza tu fiesta ha seleccionado un repertorio en el que no faltan las mejores melodías, han tocado tus emociones, te han inspirado, han impulsado incluso tu poder creativo, te has llenado de energía y te has impulsado con más fuerza que nunca.

Ahora que ha dejado de sonar por unos minutos, párate y repasemos juntas qué sabes de ti. Anota tus conclusiones, no te limites a contestar con un Sí.

.¿TE CONOCES MEJOR?

.¿HAS PODIDO COMPROBAR LA GRAN IMPORTANCIA DE TU PASADO EN LA MUJER QUE ERES HOY?

.¿TE HAS CONCIENCIADO DE QUE ERES LA CREADORA DE TU DESTINO?

.¿QUÉ HAS HECHO QUE TE HAYA PERMITIDO COMPROBAR QUE EL LÍMITE ESTABA SÓLO EN TU MENTE?

No fue tan dificultoso ¿verdad? Has superado un miedo, una creencia que te impedía avanzar, ahora eres más sabia, has descubierto el poder limitante de los patrones mentales.

.¿HAS INTERIORIZADO QUE TIENES QUE DESTERRAR MUCHAS CREENCIAS Y PENSAMIENTOS LIMITANTES QUE AÚN VIVÍAN EN TI?

.¿CUÁL HA SIDO TU MAYOR REVELACIÓN?

.¿HAS PERDONADO DE CORAZÓN A QUIENES HAYAN PODIDO LASTIMARTE? ¿QUÉ TENÍAS QUE PERDONAR?

.¿HAS LLEGADO A DESCUBRIR EL MENSAJE DETRÁS DE CADA EXPERIENCIA APARENTEMENTE NEGATIVA?

Escribe que lección aprendiste que no quieres que vuelva a repetirse.

.¿HAS PRACTICADO EL PODER DE TRANSFORMAR UNA SITUACIÓN QUE TE PREOCUPABA O TE BLOQUEABA CAMBIANDO TU PERCEPCIÓN HACIA ELLA?

Describe en qué momento lo comprobaste.

.¿PRACTICAS EL ARTE DE DESPERTARTE OPTIMISTA Y AGRADECER EL NUEVO DÍA Y LAS BENDICIONES QUE VAS A RECIBIR?

.¿TU SONRISA ES TU CARTA DE PRESENTACIÓN Y VA CONTIGO SIEMPRE?

Funciona, vaya si funciona ¿HAS COMPROBADO EL EFECTO QUE PRODUCE EN QUIEN LA RECIBE?

.¿HAS SEGUIDO LAS PAUTAS DE LA GENTE EXITOSA ANTES DE IRSE A DORMIR? ¿QUÉ TE HA SUPUESTO MENOS ESFUERZO?

.¿HAS APARTADO DE TI PERSONAS TÓXICAS O NEGATIVAS O AL MENOS HAS CONSEGUIDO RECONOCER EN TI QUÉ ES LO QUE TE MOLESTA DE ELLAS?

.¿ERES UNA MUJER MUCHO MÁS SEGURA DE TI MISMA ?

.¿CONFÍAS EN TI, EN TU PODER CREADOR?

.¿LOS DEMÁS HAN PERCIBIDO TUS CAMBIOS?

ESCRIBE CUÁL HA SIDO TU MAYOR PROGRESO.

No, no te infravalores, hay muchos más. Escríbelos, déjate sorprender.

.¿HAS CLARIFICADO TU PROPÓSITO DE VIDA? ¿CUÁL ES? Recuerda, soñar en grande y empezar en pequeño. Empieza a planificar cuáles son los pasos que te van a acercar a él.

Prepara una estrategia para los próximos seis meses y cúmplela, da igual en lo que sea, relaciones, salud, dinero, trabajo.

.¿TE AMAS PROFUNDAMENTE, MÁS QUE NADA NI NADIE EN EL MUNDO?

Soy madre, mi mayor amor siempre ha sido hacia mi hija.

Sólo cuando entendí que al llenarme de amor, era amor, transcendí esta pregunta y entendí que en la medida que yo me amase, amaría a los demás.

.¿QUÉ PRECIO ESTÁS DISPUESTA A PAGAR PARA ALCANZAR TUS SUEÑOS? EN TIEMPO, DEDICACIÓN, ESFUERZO, DINERO.

.¿PODRÍAS AFIRMAR QUE SABES CÓMO EXPERIMENTAR TU FELICIDAD?

.¿PODRÍAS HOY CUMPLIR EL RETO DE PASAR UN DÍA, 24 HORAS SIN QUEJARTE Y SENTIRTE FELIZ SIN MOTIVO? HAZLO.

.¿CÓMO TE VES DE AQUÍ A CINCO AÑOS?

.¿HAS ENTENDIDO EL JUEGO DE LA VIDA COMO UN DAR PARA RECIBIR?

Cuánto más des, más recibirás de vuelta, cuánto más le des a tu sueño, más crecerá, cuánto más amor te des, más amor recibirás, cuánta más energía le des a tu cuerpo, más salud tendrás, cuánto más perdón des, más te perdonas.

.¿QUÉ HAS HECHO HOY ESPECIAL QUE TE ACERQUE MÁS A CONVERTIRTE EN ESA PERSONA QUE HAS VENIDO A SER Y QUIERES SER?

.¿CUÁL ES TU MAYOR MIEDO EN ESTE MOMENTO?

Repasa tus respuestas, felicítate, prémiate y anota en qué debes progresar.

Esto es lo que yo pienso de ti en este momento.

Muy posiblemente nos conocimos en un momento de tu vida sumamente doloroso para ti y con tu esfuerzo has conseguido reconvertirte y descubrir quién eras realmente y quién querías llegar a ser y si acabas de conocerme sé de ti que buscas un plus, un extra para ti y tu vida y no vas a parar hasta conseguirlo.

En ambos casos Enhorabuena y Gracias, enhorabuena por tus éxitos y gracias porque el mundo necesita más personas como tú, mujeres que desean triunfar por ellas mismas y por los demás, ser ejemplo para otras y prueba real y fehaciente de que todos podemos alcanzar a ser nuestra mejor versión y contribuir así a lograr un mundo ideal para todos.

Por eso sé sin conocerte que eres una mujer segura de ti misma, ERES VERDADERA.

V ISIONARIA,
disfrutas tu presente moldeando el futuro que quieres disfrutar mañana.

E QUILIBRADA,
totalmente coherente entre lo que haces, piensas y dices y capaz de decir "no" cuando llega el momento.

R EALISTA
pero siempre positiva, sabes que el optimismo es la base de tu forma de entender la vida.

D ISCIPLINADA,
has definido tus metas y trabajas con organización en ellas para llevarlas adelante.

A CTUALIZADA,
sabes que estar informada de las últimas tendencias que aparecen en el mundo te permite avanzar con más conocimiento y seguridad.

D ECIDIDA,
por todo ello tomas decisiones con claridad.

E NFOCADA,
tu vida no se desarrolla al azar, no, tú planificas tu día a día y tu mañana y sabes hacia dónde vas.

R ESOLUTIVA,
ante los obstáculos encuentras soluciones y alternativas que no frenen tu objetivo.

A UTÉNTICA
te conoces, te amas, no necesitas máscaras, no finges para agradar a nadie.

No tienes miedo a ser grande, a brillar.

"La mujer que serás en cinco años será el resultado de los libros que leas, los hábitos que tengas, las decisiones que tomes y las personas que te rodeen HOY".

La música ha vuelto a sonar, la orquesta se ha puesto romántica.....y ese chico que no conoces, que lleva toda la fiesta observándote, quiere bailar contigo.

Una mujer verdadera está con quien ama,
no con quien necesita.

¿Estoy preparada para una relación?

Cuando estamos solas, sin pareja, hemos conseguido una relación armónica con nosotras mismas, aceptamos nuestros defectos, nos respetamos, nos queremos, intentamos crecer, en resumen, cómo estás tú ahora, en tu mejor estado posible, construyendo tu mejor versión, estamos disponibles para atraer a nuestra vida personas que se encuentren en la misma vibración.

En cambio, si no nos sentimos merecedoras de un amor de calidad daremos entrada a nuestra vida a cualquier persona buscando llenar ese espacio que nos corresponde ocupar a nosotras.

Es así como surgen las relaciones tóxicas, cuando se juntan dos personas con poco amor propio, con alguna experiencia pasada no sanada y cuando las creencias que tienen acerca del amor son negativas de tal manera que se atraen entre sí reforzando esas creencias perjudiciales.

Ya sabemos cómo funciona nuestra mente, buscaremos a alguien con quién nos sintamos cómodos porque esa experiencia ya la conocemos, aunque nos haya dañado, nos dan miedo las novedades, encontramos en esa comodidad nuestra zona de confort.

Cuando te das cuenta de esto vives sin miedo, aceptas lo que llega sin resistencia, sin victimismo y evitas que la vida te lo vuelva a repetir.

Es desde la aceptación plena como evitamos que vuelvan a repetirse situaciones que no queremos pero que han sido necesarias para nuestra evolución.

Esa aceptación pasa por comprender que somos duales, en todos hay envidia, rabia, timidez, autoexigencia. Son esas sombras que reprimimos, las que juzgamos como malas y tratamos de evitar pero cuando perdemos el control salen desbordando todo a su paso.

Si admitimos en nosotros nuestras peores virtudes, aprendemos a amarnos plenamente, somos genuinas, paralelamente el mundo nos reconoce y nos ama.

Al reconocerlo en nosotros, ya no juzgamos a los demás, entendemos que ellos también tienen sombras y amamos en plenitud.

La LEY DE LA ATRACCIÓN actúa también con el Amor, no es algo esotérico solamente, son tus pensamientos los que hacen materializarse las cosas atrayendo las personas, las circunstancias, los sucesos necesarios para que ese pensamiento que seleccionaste se haga realidad para ti.

Tienes que ser muy selectiva con esos pensamientos.

Todo el tiempo generamos hondas invisibles pero altamente

perceptibles y nuestro estado mental influye en lo que atraemos.

Nuestra presencia y acciones generan en los demás atracción, indiferencia o repelencia, lo habrás comprobado en tu día a día. La pareja se convierte en nuestro mejor espejo.

Por el principio de correspondencia,"como es adentro es afuera", si tú te sientes llena, ha sido nuestro objetivo desde que iniciaste esta trilogía, atraerás prosperidad.

En cambio, si estás vacía o apagada, atraerás maestros que te muestren qué estás buscando fuera, qué te falta dentro.

Si existen situaciones que aún no has aprendido y tienes que aprender, surgirán esos maestros que te lo mostrarán.

Por la ley de compensación atraemos lo que nos hace falta, por ejemplo, si eres débil, atraerás alguien fuerte, eres una obsesionada del orden, alguien más desordenado llegará a tu vida.

Por "LA LEY DE LO OPUESTO", buscamos en el otro lo que creemos que nos complementa y ahí se produce una atracción fatal. Tú ya tienes que sentirte completa y no iniciar una relación desde la carencia.

Si esperas que alguien te haga feliz es porque aún no conoces tus necesidades reales. Si aprendes a conectar contigo misma, a escucharte, no esperas que nadie te de nada, lo tienes todo, el Poder está dentro de ti, te vuelves magnética, irresistible, libre.

Y, por supuesto, hoy es fundamental para ti atender a "la ley del vacío", para que entre algo nuevo, tiene que haber espacio.

Si el cerebro cree que ya está ocupado el lugar afectivo, por ejemplo si ves a menudo a tu ex, se auto saboteará. Tu estado mental tiene que ser en disponible, sólo así atraerás lo que estás preparada para atraer y enviarás señales de disponibilidad al exterior.

Desde tu mejor estado posible seleccionarás y atraerás personas iguales a tu estado como pareja.

Nuestro Autoconocimiento es un proceso continuo, aun pensando que nos conocemos, que nos amamos, que estamos llenas podemos repetir historias dolorosas al iniciar una relación.

Es fundamental que identifiques qué historia has repetido, que la reconozcas, a veces sólo repetimos partes: nos ilusionamos muy rápido, nos son infieles, a veces relaciones violentas, lo que sea que repites, ponle hasta un título.

Igual de importante es que reconozcas cuánta responsabilidad tienes tú en que se repita la historia porque es muy fácil darse cuenta de lo que hace mal la otra parte y no reconocer lo qué hacemos mal nosotros.

Ahí está la clave, en responsabilizarnos y no culparnos de nuestros actos o de nuestras creencias excluyentes con relación al amor y de nuestras posibles carencias.

Sucede a veces que conocemos a alguien y surge la atracción, nos olvidamos de que una relación tiene que construirse desde unas bases sólidas y a partir del conocimiento del otro.

Nos creemos eso del amor a primera vista y elegimos por atracción, por el enamoramiento inicial y desde la idealización con la que nos dirigimos a una nueva relación.

Nosotras no, nosotras vamos a aprovechar esta oportunidad que la vida nos ha brindado de autoconocimiento para prepararnos para una excelente relación de pareja o al menos identificar pronto si esa persona que hemos conocido y nos atrae puede ser algún día esa persona ideal para nosotros, con la que podamos construir un amor sano y verdadero o es preferible no avanzar más en esa relación.

Al igual que en otras áreas de tu vida, la elección de tu pareja no debe quedar al azar. Si sabes exactamente lo que quieres, no te desviarás de tu objetivo ni atraerás lo que no deseas a tu vida.

Así que vamos a definir con claridad los requisitos innegociables que tiene que tener una persona para que pueda ser esa otra parte de una bonita y extraordinaria relación sentimental para ti.

Dedica un tiempo razonable y anota todas las características que deseas en esa persona que va a llegar a tu vida.

Diferencia tus prioridades de los aspectos que puedan llegar a ser negociables, por ejemplo si tienes claro que quieres tener hijos tu hombre ideal debe tener ese mismo deseo de ser padre.

Ten claro tu principio vital, lo que sí te gusta y lo que no, tus valores tienen que ser similares a los de él porque nada se supera con el amor, las personas opuestas terminan mal, tampoco hay que ser iguales, semejantes sí.

Por ejemplo, si te gusta comer o cocinar, te imaginas convivir con alguien al que no le guste comer o si para ti es fundamental una determinada religión, ¿cómo educarías a tus hijos si tu pareja fuese atea?

Mi hombre ideal es:

....

....

....

....

....

....

Muy bien, sabes lo que quieres, ahora pregúntate si tú eres la persona acorde a esa persona que quieres encontrar, eres ya merecedora de una pareja así ¿qué vas aportar tú a esa relación?

Yo soy:

....

....

....

....

....

....

Ahora ¿cuáles son los aspectos, valores o circunstancias no negociables de tu futura relación, lo que no permitirías nunca en el otro o en la relación?

....

....

....

....

....

....

Y, por último los aspectos deseables de tu relación, lo que para ti sí sería aceptable.

....

....

....

....

....

....

Convirtiéndote en tu mejor versión, por vibración llegará la persona adecuada. Has clarificado lo que sí y lo que no, no vas a ciegas. Las probabilidades de éxito se multiplican.

Recuerda que ser tu mejor versión no es ser perfecta, sino ser consciente de tus debilidades, si puedes mejorarlas, y sobre todo orgullosa de lo que eres. No existe la perfección y no podrás encontrarla tampoco en los demás.

Confirmación de que estás preparada para iniciar una relación de pareja

Tu Autoconocimiento será tu mayor Éxito siempre, sé sincera y contesta estas preguntas ahora.

1.¿AÚN GUARDAS CIERTO RESQUEMOR O DOLOR HACIA ALGUNO DE TUS EX?

Sé honesta, no se trata de que hayas olvidado hasta los buenos momentos con ellos, sino de que puedas recordarlos hasta con una sonrisa, como parte de tu pasado.

Confírmate que has aprendido la enseñanza y has asumido tu parte de responsabilidad.

No les guardas rencor ni deseas que les vaya mal y , sobre todo, no te permites comparar a todos los hombres que conoces con ellos.

Ahora responde.....

2. ¿TE ACEPTAS TAL Y CÓMO ERES?

Te quieres, te amas, te conoces, no vas a buscar la aprobación para sentirte bien en tu pareja. No dependes de su opinión, no vas a cambiar por él, todo lo que vas a mejorar es porque así lo deseas para incrementar tu valía y amarte cada día más.

3. ¿TIENES GANAS DE AMAR?

Estás dispuesta a cambiar tu soledad y compartir tu amor con el otro. Eres consciente de que el amor requiere compromiso, confianza, renuncias, cambio de hábitos, complicidad, tolerancia, paciencia.

4. ¿ERES CAPAZ DE CONFIAR EN TU PAREJA?

Es fundamental que elimines la desconfianza hacia los hombres.

Si ya no atraes parejas tóxicas será señal de que has sanado muchas partes de ti que te llevaban a repetir patrones.

5.¿RELACIONAS LA IDEA DEL AMOR CON PLACER, CONEXIÓN, EXPANSIÓN, CRECIMIENTO?

Has sufrido anteriormente en otras relaciones pero mantienes una firme creencia de que es posible amar sin sufrir.

SI, SI, SI, SI y SI... ENHORABUENA, cuando llegue el momento, estarás preparada para iniciar una nueva relación.

Mientras esperas paciente ese momento sigue trabajando en ti misma y ten muy presente que hasta encontrar a ese hombre ideal para ti, de poco sirve que se ajuste al perfil que nos hemos propuesto si luego falta la química entre vosotros, a lo mejor es preciso “besar unas cuantas ranas hasta llegar al príncipe.”

Ahora qué?

Ha surgido cierta atracción entre vosotros y os apetece conoceros un poquito más, tú has dejado tu pasado atrás, has disfrutado de tu soledad lo suficiente como para conocerte a fondo, has definido tus posibles errores anteriores, tienes una vida rica en amigos, propósito, aficiones, estás preparada para iniciar un proyecto en común con otra persona.

Deberías conocer y averiguar de él antes de enamorarte y no lanzarte a una relación idealizando o bien a esa persona que acabas de conocer o la relación que pueda originarse.

Cuando conocemos a alguien, siempre podemos advertir señales de que esa persona no es tan ideal como imaginas.

-Sucede a veces que en una primera impresión ya hay algo que no nos gusta, pero lo dejamos pasar, lo disfrazamos, nos auto engañamos y quedamos una segunda y una tercera vez.

-Queremos adaptar ese hombre que acabamos de conocer a nuestra fantasía, a nuestra ilusión y aunque percibamos algo que no nos encaja, lo obviamos, lo borramos para no romper la ilusión.

-Y precisamente debemos hacer todo lo contrario: desarrollar habilidades para detectar las señales de que esa persona pueda no ser como aparente ser o posea determinados aspectos de su personalidad que ya no nos agraden del todo. Ser conscientes de cómo es, no de cómo tú quieres que sea.

-Observa los patrones repetitivos en los que antes ni te fijabas, por ejemplo cómo se comporta con otras personas, si estáis en un restaurante, como trata al personal, si atiende una llamada de un familiar, cómo les responde.

-Sé honesta con lo percibes en los primeros encuentros, por muy bien o correcto que se comporte contigo, fíjate cómo es en el trato con los demás, forma parte de su personalidad.

Por ejemplo, si tiene un patrón de violencia tarde o temprano descargará esa violencia en ti también y en todo caso tú no quieres a tu lado una persona violenta.

-Determina a quién vas a dejar entrar en tu vida. No vas a cambiar ni sanar a nadie. Si ha resultado herido en una relación anterior o acarrea heridas emocionales por otras experiencias, todo ello recaerá en vuestra relación.

TÚ NO PUEDES SANAR A NADIE, NO ERES SANADORA.

Patrones de personalidad altamente conflictivos son aquellos en los que el se muestra violento, depresivo, víctima, culpa a los demás de todo, no sabe manejar sus emociones, intolerante a la crítica constructiva, juzga todo, critica a sus anteriores parejas, se maneja por etiquetas...

Sucede a veces que en las primeras citas ya vemos rasgos en el otro de este tipo y nos aferramos igualmente a construir una relación con esa persona.

El fracaso y el sufrimiento están garantizados.

No necesitamos nadie que nos complete, no necesitamos que el otro supla algún déficit nuestro, ya estamos completas.

"Estoy contigo porque pudiendo y sabiendo estar sola, elijo y prefiero estar contigo y mi vida no se cae a pedazos si la relación se termina".

Ese es mi percepción de una relación, lo que deseo para mí y para ti. Lo que quiero transmitir a la persona que llegue a mi vida .

Errores que cometemos las mujeres en las primeras citas

Hemos pasado un tiempo prudencial sin pareja, pensamos que hemos aprendido a conocernos y tenemos claro lo que queremos, ante todo no deseamos equivocarnos de nuevo y sufrir estrepitosamente.

Pero toda esa teoría es necesario llevarla a la práctica para comprobar si realmente hemos cambiado nuestros antiguos patrones de conducta, esos que llevan tanto tiempo formando parte de nuestra personalidad o aún mantenemos ciertos apegos y carencias que puedan resurgir a la hora de entablar una nueva relación.

He recopilado algunos pequeños o gran errores que podemos cometer al conocer a un hombre y que debemos tener siempre presentes.

-Intentar agradar a un hombre para obtener su aprobación.

En ocasiones nos preocupamos más en agradar y complacer al otro y nos olvidamos de analizar si él nos agrada lo suficiente a nosotras. Parece innato el deseo de agradar a los demás pero ante todo debemos ser auténticas.

En ocasiones perdemos naturalidad por obtener su aprobación y tratar de gustarle. Los hombres no buscan mujeres demasiado complacientes, el mensaje que lanzamos inconscientemente es " estoy desesperada y eres mi única opción".

Y no es así, muéstrate tal cual eres y si le gusta bien y sino también. Y sobre todo ten claro si él te agrada a ti, si estás a gusto en su compañía, si es la persona con la que verdaderamente quieres compartir ese valiosísimo tiempo que le estás dedicando.

-INTENTAR ATRAER A UN HOMBRE SEXUALMENTE Y NO A NIVEL EMOCIONAL.

Nos han hecho creer y lo hemos creído que debemos ser muy sexys y podemos ser todo lo sexy que queramos si sólo queremos sexo.

Pero si buscas una relación duradera haz prevalecer el atractivo emocional que es lo que realmente engancha a un hombre, no necesitas ser la más atractiva físicamente.

¿Cómo lo consigues?

Cuida tu imagen, acude arreglada a la cita asegurándote de que vas a mostrarte tal y como eres. Si no quieres gustarle sólo por tu físico, lo primero que tienes que evitar son prendas demasiado provocativas escogidas para la ocasión. En cambio si tu forma de vestir habitual es esa, entonces por supuesto no vas a cambiarla.

Ante todo, practica el arte de la naturalidad cuando estés con él, sé tú misma en todo momento, incluso permítete regalarle algún piropo sincero.

Crea un halo de misterio en torno a ti, cuéntale cosas de tu vida, pero no te descubras en los primeros días. Es normal compartir aspectos de tu vida, de tus proyectos, de tus gustos, pero no le cuentes toda tu vida el primer día, vete desvelando poco a poco, déjale con ganas de más.

Y, sobre todo, nada de hablar de tu ex, nadie quiere escuchar anécdotas, alegrías o penas de tu relación pasada en una primera cita.

Hazle preguntas interesantes y no le interrumpas. Nos encanta hablar de nosotros mismos, que nos escuchen y saber escuchar es un arte que te permitirá descubrir los gustos en común, aficiones, objetivos, las bases fundamentales que puedan propiciar una segunda cita o no.

Evita hacerle demasiadas preguntas sobre su economía personal, puedes parecer interesada más en sus finanzas que en él.

Si sólo hablas tú, aportarás demasiada información sobre ti y en cambio no te permitirás conocer al otro.

No tengas prisa por que te conozca, ya te irá conociendo poco a poco.

-OTRO ERROR FRECUENTE EN UNA PRIMERA CITA ES PROYECTAR ESCASA CONFIANZA EN TI MISMA, NO SÓLO A LA HORA DE HABLAR, SINO A TRAVÉS DEL LENGUAJE CORPORAL QUE ES EL QUE REALMENTE CAPTA NUESTRO INCONSCIENTE.

Por ejemplo, si habéis quedado para cenar, suele ser habitual en muchas de nosotras comer poco. Ellos son mucho más naturales en ese sentido, nada menos apetecible e incómodo que sentarte a cenar con alguien que no disfruta de la comida o cuenta calorías, por ejemplo.

Está muy bien cuidarse, pero compórtate como si estuvieses con una amiga y todos sabemos que aunque estés a régimen, un día puedes saltártelo.

Mantén una postura relajada y erguida, tanto si estás de pie como sentada, hombros hacia atrás, respiración pausada.

Transmite tu seguridad.

Mira a los ojos y sonríe sincera y relajadamente, sin clavar la mirada demasiado tiempo porque eso intimida. Una sonrisa sincera se contagia y libera tensión.

Si te parece atractivo y estás a gusto en su compañía, puedes realizar un contacto fugaz y sutil, posar tu mano en su brazo, pequeños gestos que den sensación de cercanía, inconscientemente el cerebro percibe ese acercamiento cómo muestra de interés.

-OLVIDA, SI LA TIENES, ESA CREENCIA DE QUE LA CLAVE PARA LLAMAR LA ATENCIÓN DE UN HOMBRE RESIDE EN TU ATRACTIVO FÍSICO.

La clave es estimular la mente de un hombre, no su apetito sexual, salvo que sólo te interese a ese nivel, claro está.

Para ello “investiga” las cosas que le gustan, intercambia experiencias y opiniones sin parecer demasiado interesada. Se trata de conoceros no de rellenar un cuestionario de afinidad.

No permanezcas pasiva, tú puedes iniciar el primer contacto o conversación, puedes tomar la iniciativa.

No exprimas al máximo la cita. Déjale con ganas de repetir, genera esa necesidad en él. Aunque estés muy a gusto con él y no quieras que la cita termine, es preferible que quede con ganas de volver a verte.

-Elegir hombres que tienen pocas probabilidades de asumir un compromiso con una mujer.

Si tú deseas una relación seria, no pierdas tiempo con hombres que no quieren comprometerse y eso es fácil de detectar ya al inicio de conoceros, no te engañes y atiende a las señales:

.Su relación anterior terminó hace mucho pero aún tiene apego hacia ella. Lo sabrás porque no deja de hablar de su expareja.

.No aumenta la intensidad de las citas o, por ejemplo, hace planes para su tiempo libre pero no te incluye en ellos.

.Nunca menciona el tema del compromiso o ni siquiera quiere ponerle nombre a vuestra relación.

.No descarta otras mujeres en su vida, quiere conocer más gente.

.Tiene otras prioridades y no te incluye en ellas como viajes o desplazamientos de trabajo.

En resumen, planifica su futuro, lo comparte contigo pero no muestra indicios de incluir en él a ninguna mujer.

-Otro error importante es comprarle regalos y tener detalles con él para intentar gustarle más.

Si hacemos eso, por muy generosas o espléndidas que seamos en nuestra vida diaria, subliminalmente él recibe el mensaje de que estás comprando su agradecimiento, lo que le hará reaccionar al sentirse " comprado" y no le vas a atraer más.

Y, al contrario, muchos hombres detestan que la mujer de por hecho que el hombre tiene que hacerse cargo de todos los gastos que se generen en esa primera cita.

Una cosa es la caballerosidad y la educación que tienen ellos, pero tú también puedes hacer ademán de compartir los gastos y no quedarte como si no fuera contigo la cosa cuando llegue la cuenta.

Ni super mujer, super feminista, que se ofende por cualquier gesto de caballerosidad, ni princesita que espera hasta que le quiten el abrigo. Como en todo, naturalidad y un punto intermedio en aquellos aspectos para los que se requiere mayor confianza.

-En ocasiones, desplegamos nuestro instinto maternal o protector en ellos.

Su inconsciente también lo percibe y, salvo aquellos que buscan más una madre que una pareja, en cuyo caso no nos interesa, no se sienten atraídos porque ven en ti una madre protectora.

- No te pases de chistosa.

Las mujeres amamos a los hombres chistosos, nos estresamos tanto por todo que un hombre que nos haga reír nos relaja y con ello nos enamora.

En cambio, el hombre no se estresa tanto, no necesita tanto como nosotros la risa, a la mujer chistosa que no es lo mismo que divertida, la etiqueta de amiga.

-Mejor no hablar de sexo.

Tenéis mucho que contaros, es demasiado pronto para temas íntimos. Tanto si quieres marcar límites y dejar claro que no tendrás sexo con él en la primera cita como para contarle cuáles son tus posturas preferidas.

Espera, si llega, el momento adecuado, puedes enfriar la comunicación al dar por sentado sus intenciones y de momento las desconoces.

Un encuentro ameno, divertido, generar esa tímida complicidad entre vosotros, evitar mostraros quejicas ante la rutina de vida o el stress del trabajo, expresar vuestras opiniones y apetencias, encontrar compatibilidad entre vosotros, ese es el objetivo de una primera cita que deje con ganas de una segunda, tercera…

Lo que sí debes hacer en una primera cita

Atendiendo a patrones psicológicos masculinos, puedes tener en cuenta los siguientes aspectos o pautas de comportamiento con ese chico que parece interesarte. Pequeños apuntes de cómo funciona nuestra mente, ante todo, úsalos con honestidad, a veces lo hacemos ya inconscientemente pero aquí encontrarás la base psicológica a determinadas reacciones.

-"HALAGOS CON MODERACIÓN".

A los hombres les encantan los piropos. Un hombre se sentirá atraído por una mujer que le haga sentir bien, enlazará inconscientemente los elogios con su infancia y se sentirá conectado contigo sin saber exactamente por qué.

Así que no te cortes con los cumplidos, siempre que sean totalmente sinceros. Pueden ser hacia su aspecto físico, sus valores, su inteligencia, si el chico te gusta te resultará fácil reconocer aquello que realmente te parezca destacable de él.

Con moderación, no resultes empalagosa, pequeñas pinceladas que estás sintiendo y en ocasiones no nos atrevemos a expresar por timidez o miedo a descubrirnos demasiado.

-"Estimula la cercanía".

El contacto humano, tocar discretamente crea un vínculo físico con él, deseará tener más contacto contigo sin saberlo. Si le retiras una pelusa de la ropa, una pestaña de la mejilla o posas fugaz y levemente tu mano en el brazo o en la parte baja de la espalda, elevarás el nivel sexual del hombre y te quitará la etiqueta de " amiga".

Y si a continuación estás unos minutos sin mirarle, esa sutil indiferencia le generará más interés.

Las mujeres nos enamoramos por la nariz y el oído, los hombres por los ojos y las manos, el tacto.

Estudios científicos han demostrado que el perfume de un hombre, incluso su propio olor corporal puede hacer que lo repelas sin llegar a conocerle, si por ejemplo te recuerda al de algún exnovio del que no guardes buen recuerdo, o al revés, te sientas misteriosamente atraída por él.

En cambio, los hombres "necesitan tocar". Me resulta tremendamente divertida la recomendación de Jungër Klaric para enamorar a un hombre, él lo denomina "receta científica".

Dice Jünger que no le dejes que te toque en tres meses, se hace adicto a la dopamina. Pasado ese tiempo, si te toca y no vuelve, no le gustó lo que tocó, pero si le gustó ahí se queda para siempre.¿Qué opinas de esta receta?

-"MANTÉN EL MISTERIO SOBRE TI".

La curiosidad les despierta el mayor interés, el hombre por naturaleza es explorador, le gusta descubrir y la imaginación es el instrumento más poderoso en la seducción.

No le cuentes toda tu vida al detalle, ya lo comentamos anteriormente, déjale con ganas de averiguar más de ti, que sea él que quiera repetir la cita para seguir descubriéndote, se sienten atraídos por los secretos y encuentran muy atractiva a una mujer que sabe mantener ese aire de misterio.

Eso que no le cuentas, le permitirá hacer volar su imaginación y la curiosidad aumentará el interés por ti.

-"LA TÉCNICA DEL ESPEJO".

Nos atrae lo que es similar a nosotros. Con pequeños gestos puedes generar esa atracción. Imita su postura cuando estés hablando con él, tócate el pelo después de que él toque el suyo, por ejemplo, si él hace un gesto determinado con las manos al hablar, hazlo tú también sutilmente.

No se dará cuenta pero su mente le estará diciendo "cuánto se parece a mi".

Verá su reflejo en ti e inconscientemente su cerebro recibe el mensaje de que tenéis muchas cosas en común.

Cuando pongas esta técnica en práctica querrás saber si está funcionando. Es fácil, después de imitar por unos minutos sus movimientos, es el momento de que tú, por ejemplo, muevas tus piernas de algún modo que él todavía no ha hecho, comprobarás que mágicamente él hará lo mismo.

Con esta conexión inconsciente por su parte, es muy probable que todo lo que digas a partir de ahí le resulte más interesante, le impactará más y se sentirá más atraído hacia ti.

Si surge una relación entre vosotros o no depende además de otros muchos factores y cómo hacer que esa relación sea duradera y realmente merezca la pena también, pero al menos seguro que ese primer encuentro os ha dejado buen sabor de boca a los dos.

Recuerda siempre que la perfección es un mito, tú no lo eres y él tampoco. No descartes a alguien después de una sola cita sólo porque algún pequeño detalle o defecto no te gustó, a él ha podido sucederle también contigo.

Párate y reflexiona sobre esos defectos decisivos que recogimos en nuestra lista páginas atrás, esos son innegociables, otros pueden no ser tan determinantes y puedes estar dejando pasar una excelente oportunidad.

Antes de acostarte con alguien por primer vez

Antes de tener una primera relación sexual con ese chico que te gusta te propongo que tengas muy en cuenta estas cuestiones para que compruebes que estás lista para ello, sobre todo que no albergues expectativas posteriores.

Son las recomendaciones que nos propone el psicólogo José Luis López Valverde.

1.ES TU DECISIÓN, NO TIENES PRESIÓN ALGUNA, estás consciente. Tomas esa decisión por ti misma y no bajo la influencia de alcohol u otras sustancias y no para complacer al otro o intentar fastidiar a alguien. No lo haces, por ejemplo por miedo a que pierda el interés en ti aunque realmente no te apetezca aún.

2 VAS A DISFRUTAR EL MOMENTO TÚ TAMBIÉN, no sólo buscas la felicidad del otro. No va a ser jamás un acto de servilismo, sino consciente de tu disfrute y goce propio desde la igualdad.

3.NO ES UN MÉTODO DE INTERCAMBIO. En el mero acto sexual se cierra el ciclo, no conlleva siempre el inicio de una relación estable o de pareja.

Las relaciones sexuales no se intercambian por tiempo, compromiso o un trato diferente, no puedes buscar forzosamente amor o compromiso de regreso, no tiene por qué haber algo diferente después entre vosotros.

Esta afirmación chocará muy posiblemente con tus creencias, pero es fundamental que la integres en ti. Hemos sobreestimado el valor del sexo, hemos asociado por mucho tiempo que lleva aparejado amor cuando no es así.

El Amor es mucho más, no podemos equipararlo a unas horas de intercambio de besos y juegos sexuales ni darlo por sentado por el mero hecho de acostarte con alguien, no es bueno para ti, te impedirá valorar otros aspectos de la relación o del otro que son los que verdaderamente determinarán si es posible o no construir una relación de Amor entre vosotros.

4.POR SUPUESTO QUE EXISTE LA POSIBILIDAD DE QUE SUCEDA ALGO MÁS, has aumentado el nivel de contacto, la confianza, has roto la barrera de la intimidad, al igual que cuando inicias una amistad o más intimidad emocional. Si la experiencia ha sido agradable es normal que se produzcan nuevos encuentros, es normal no obligatorio.

5.EL NUMERO MAYOR O MENOR DE RELACIONES SEXUALES CON LOS DEMÁS NO TE HACE NI MEJOR NI PEOR PERSONA.

Son creencias culturales, roles sociales arcaicos que permiten prejuzgar a una persona por su actividad sexual.

Todos en mayor o menor medida hemos crecido en nuestra sociedad con esa creencia y en el caso de las mujeres aún le hemos añadido un toque despectivo: la mujer que tiene muchas relaciones sexuales con diferentes hombres ha sido calificada cuando menos como "fresca", no sólo por muchos hombres sino, lo que me parece aún más asombroso, por el resto de mujeres.

Abrir nuestra mente en este sentido también es crecer emocionalmente.

La sexualidad es una parte más de compartirte y de compartir, tenemos que aprender a darle el valor que tiene.

Para mucha gente las relaciones sexuales están unidas al amor y no es necesario mantener esa creencia porque no todos la comparten. En nosotras, las mujeres está mucho más arraigada, incluso a nivel neurológico asociamos sexo con amor.

Sucede que si tienes esa creencia y tienes sexo antes de pactar si habrá o ya hay una relación, tu programa mental cambia radicalmente y se adapta a esa creencia, tu mente te dice: como tengo relaciones sexuales es que me ama y como me ama tiene que buscarme, has abierto tu corazón, lo has vinculado al sexo como si fuesen conceptos unidos inexorablemente.

Ahora que crees amar tienes miedo porque te sientes más vulnerable y empiezas a cambiar la relación emocional o intelectual que tenías con el otro, generas más ausencia esperando a que sea él quien te busque, te llame y confirmar así sus sentimientos o, por el contrario, te vuelves más insistente, le reclamas más, le exiges más compromiso porque te sientes con derecho sobre él.

Y si no te llama porque el otro quería sólo una relación sexual, no amor, tu creencia te hace sentirte utilizada y encontrarás mil justificaciones para sentirte mal, seguirás alimentando esa creencia limitante.

Lo que debemos hacer es comportarnos igual que antes de tener relaciones sexuales con él.

Muchas veces él se aleja por tu nuevo comportamiento, no por el mero hecho de haber mantenido relaciones con él.

Tienes que interpretar y actuar como si todo siguiese igual y diferenciar el contacto físico del emocional y sólo así una futura relación puede fructificar en amor y no por haber mantenido o no relaciones sexuales con él.

Identifica tu creencia en este sentido y analiza si te ha sucedido así anteriormente.

A mi sí, desde luego, he tenido arraigada esa creencia durante mucho tiempo pero afortunadamente he comprendido que es necesario desterrarla para interiorizar el concepto de Amor Verdadero para mi y disfrutar de relaciones sanas y prometedoras y no condicionadas.

¿Cómo ser la perfecta irresistible?

No se trata de parecer diosas inalcanzables, aunque sabemos que lo somos para muchos, pero sí estoy totalmente convencida de que determinadas características en nosotras determinan el hombre que permitiremos entrar en nuestra vida.

Mi objetivo al escribir estos libros era convertirnos, tú, yo, en una auténtica Mujer Verdadera, capaz de vivir una vida verdadera y algún día descubrir el amor verdadero, primero dentro de ti y sólo después en alguien con quien compartir todo tu potencial y Esencia.

Destaco **cuatro claves** que hacen que una mujer sea verdaderamente irresistible para los hombres y provoque admiración en otras mujeres y estoy convencida de que son características que en este momento ya has adquirido y potenciado en ti.

Pero las dos sabemos que la felicidad está en el progreso,

siempre encontraremos aspectos que reforzar, el crecimiento continuo es una de nuestras características, así que no está de más repasarlas y valorar en qué puedes aumentar tu potencial como una auténtica y verdadera mujer irresistible.

1. Una mujer irresistible es totalmente responsable de sus emociones.

Es una mujer madura, no por los años, puedes ser madura con 20 o una niña con 50, eres madura porque has asumido y mantienes la responsabilidad de tu propia felicidad.

Muy posiblemente has adquirido esa madurez a base de adversidades y "golpes", pero has sabido extraer las mejores respuestas, conclusiones y aprendizajes para afrontar el recorrido de tu vida creciendo emocionalmente y nunca más sintiéndote víctima de las circunstancias.

Además de independiente, eres autosuficiente, capaz, sabes lo que quieres, donde vas y no esperas de nadie que resuelva tu futuro.

La independencia no significa para ti mantenerte aislada o en soledad, no, es asumir que puedes disfrutar plenamente de la compañía de otro, pero eres igualmente feliz con él o sin él.

"Estoy contigo porque quiero estar contigo, pero puedo igualmente estar bien sin ti".

Te autoafirmas asertivamente, mantienes tus decisiones, aunque el resto no las compartan, sin imponerlas. Por supuesto, toleras y respetas las decisiones de los demás.

En caso de discrepancia, sabes marcar límites y eres capaz de negociar para alcanzar el mejor acuerdo sin renunciar a tus principios, a tus ideas. Discutirás por defender tus ideales, no por querer llevar siempre la razón.

Reconoces cuando has cometido un error pero no te enfocas en el problema, tu positividad te empuja siempre a buscar soluciones, eres abierta de mente hacia nuevas ideas y aprendizajes, siempre estás ampliando tus recursos.

Esa positividad y seguridad en ti misma te hace ser divertida y buena conversadora, compartes sueños, ideas, no chismes sobre otras personas o conversaciones vacías sobre cosas intrascendentes.

Una mujer así, madura y estable emocionalmente nunca se mostrará necesitada ante un hombre ni nadie, no mendigará jamás amor o atenciones, disfrutará la compañía de un hombre afín a ella si está, pero su vida es igualmente plena sin él.

Puede querer mucho cuando está en pareja pero se ama más a ella. Entre su dignidad y estar acompañada, prefiere su dignidad.

2. Una mujer irresistible es abundante, dispone de sus recursos y sabe administrarlos.

No me refiero a que gane mucho dinero. Es un concepto mucho más amplio de recursos, su economía, sus emociones, su tiempo, su energía.

Se vale por sí misma y no está a la expectativa de que otro administre o resuelva sus necesidades.

Es fuerte en recursos internos, no se deja someter y se sabe cuidar a sí misma. Sabe poner sus límites.

Los hombres también están cansados de ser sobreprotectores, de tener que adivinar lo que nos gusta y la mujer irresistible no necesita que la traten como una flor indefensa a la que hay que mimar por el hecho de ser mujer.

La mujer irresistible sabe pedir lo que necesita cuando hace falta, es clara. Tiene vida propia, amigos, hobbies, planes, aficiones, eso la hace no estar siempre disponible para un hombre, pero no como estrategia, sino desde la completa naturalidad.

Si aún así, en su completa vida encuentra un hueco para una cita, será porque realmente le complazca y la otra persona valorará aún más el tiempo que le dedique. El mensaje que recibe el hombre es que no está con él en ese momento porque no tenía otra cosa mejor que hacer, sino porque efectivamente quería, entre sus múltiples actividades ha decidido que una cita o un encuentro contigo era una buena opción.

Y ante una cancelación o un imprevisto, no pasa nada, no hay dramas, tiene su mundo lleno de actividades que la satisfacen.

No le urge estar acompañada, no se muestra desesperada por complacer a nadie. Una mujer ansiosa por encontrar pareja ahuyenta, espanta.

El hombre por naturaleza es conquistador, cuando la mujer da la razón en todo, protege al hombre, le consiente, se vuelve terreno conquistado, el hombre pierde interés, se convierte en su madre, no ve en ella una mujer irresistible.

La mujer que siempre está disponible no supone un reto, no requiere esfuerzo en conquistarla, el hombre pierde pronto el interés, no necesita mantenerse alerta.

Una mujer autorrealizada es más divertida, más interesante, enriquece su vida y la de los que la rodean.

Sabe mantener el deseo en el otro, un deseo que se genera ante la curiosidad o lo desconocido, la mujer irresistible se convierte en un reto para un hombre hecho y derecho que no busque una mera compañía, sino una pareja que se quiere y se respeta.

Una mujer así no está disponible para cualquier hombre, ahuyentará a muchos, pero a los que no asuste seguro sí son merecedores de su compañía.

Ante una mujer naturalmente irresistible el hombre va a tener que esforzarse para estar a tu nivel y a ellos, como a nosotras, les gusta las cosas difíciles. A todos nos agrada admirar a nuestra pareja, es nuestro propio reflejo, te obliga a seguir creciendo y evolucionando juntos para no bajar el listón.

3. LA MUJER IRRESISTIBLE SE SIENTE CÓMODA CON SU CUERPO Y DISFRUTA SU SEXUALIDAD SIN NINGÚN TAPUJO.

No necesita un físico perfecto para reconocer ante el espejo lo que le gusta y lo que no, en cualquier caso acepta y le gusta lo que ve.

En la intimidad se siente también a gusto y es capaz de disfrutar plenamente y hacer disfrutar al otro.

Disfruta de su sexualidad, le interesa, suele ser más activa, sin necesidad de desviarse del romanticismo ni la sensibilidad femenina.

Sabe que es deseada y no hay nada más sexy que hacerse respetar.

Jamás utilizará la sexualidad como moneda de intercambio.

Acude a ella desde su plenitud y conformidad, sin expectativas posteriores.

La sexualidad es fundamental en una relación estable, dice Walter Riso que " cuando desaparece, la relación se acaba" y no significa que se rompa y cada uno tome su camino, que sería lo ideal ante una relación rota, sino que en demasiadas ocasiones las parejas se mantienen juntas por el apego a esa relación o persona.

Las parejas que mejor funcionan son las que comparten fantasías, mantienen el erotismo y la complicidad con el paso del tiempo y eso se logra desde la plenitud de amar tu cuerpo y disfrutar tu sexualidad.

4. Cuida de su imagen más allá de la vanidad.

Ama su cuerpo y se valora. Come saludablemente, dedica tiempo a su cuidado personal y eso se refleja en su seguridad al caminar, al moverse, desbordan sensualidad. La sonrisa y una actitud positiva son su carta de presentación.

Nutre su mente de buena información manteniéndose siempre al día en temas de actualidad y temas interesantes lo que le proporciona además ser una excelente conversadora, abierta a nuevas ideas y diferentes opiniones. Nunca la escucharás en chismes o conversaciones intrascendentes, no ensucia su mente.

Y tú ¿eres ya una mujer irresistible?

¿Qué personas llegarán a tu vida ahora?

Hoy la vida te ha puesto en la mejor situación para que puedas elegir, tu pareja puede ser tu bendición o una destrucción, cuando llegue el momento, elige bien a tu pareja.

El verdadero amor suma, no resta. Une, no divide. No te aleja de tus sueños, te conecta con ellos, una buena pareja te impulsa, saca tu mejor versión. La pareja adecuada te motivará, la pareja equivocada te distraerá, te robará energía.

Has invertido tiempo y esfuerzo en ti, por favor selecciona muy bien con quién vas a compartir todo lo grandioso que has alcanzado.

Napoleón Hill, autor del Best Seller "Piense y Hágase Rico" dijo:

“Muchas veces nuestro mayor enemigo es una pareja mediocre, de gran cuerpo y poco cerebro”.

Tu pareja debe motivarte siempre, nunca estorbarte, debe inspirarte, no controlarte ni frenarte.

Mientras llegue ese momento, sigue creciendo y nunca, nunca te conformes con menos de lo que mereces.

¿Quieres saber qué aman los hombres en una relación?

Desde las primeras líneas de esta Trilogía me he dirigido a ti como mujer, no porque mis libros sean específicos para mujeres, sino porque es en la piel que puedo ponerme, soy mujer y puedo narrar mis experiencias desde mi perspectiva, mente y alma de mujer, que si bien en muchos aspectos coincide con la de los hombres, en otras todos sabemos que existen peculiaridades y rasgos que las diferencian.

Ello no significa que en general no puedan ser válidos para todos, precisamente me ha costado adoptar esta postura porque mi mayor defensa es y ha sido la igualdad de géneros en nuestra sociedad, no comparto bajo ningún concepto sostener la inferioridad de la mujer ni pretender que ella supere al hombre por el mero hecho de ser mujer.

Nuestra valía, nuestros éxitos o fracasos, sobre todo nuestros progresos deben entenderse desde la evolución de nuestra esencia, de nuestro SER y éste no entiende de género masculino o femenino.

Por eso si eres hombre te pido tu colaboración en este momento. He seleccionado una serie de características que creo que los hombres valoran en las mujeres y no me refiero a rasgos físicos, sino a aspectos mucho más profundos, aquellos rasgos o fortalezas emocionales que un hombre quiere ver reflejados en la persona con la que inicie una relación o sea su pareja.

Por eso me gustaría recibir tus comentarios al respecto y ampliar mis conocimientos hacia vosotros.

Gracias por tu aportación querido lector. Eres Amor. Te Amo.

Nuestras creencias también son importantes en este sentido. Hemos construido la imagen, y en ellos pesa más aún, de que el hombre tiene que ser poco menos que un super hombre.

La presión de la sociedad, de las mujeres e incluso de otros hombres es fortísima y lo trasladamos a nuestros hijos también, somos su ejemplo a seguir, de manera que la creencia sigue latente y justificándose.

Nuestro autoconocimiento y trabajo interior nos ha permitido dejar de lado algunas creencias y estereotipos pero sólo la práctica nos confirmará si hemos interiorizado correctamente toda esta teoría o sigue afectándonos todo lo que nos han contado y nos cuentan ahí afuera.

1. LOS HOMBRES AMAN A LAS MUJERES QUE LOS ACEPTAN Y COMPRENDEN COMO SON.

Los hombres se preocupan mucho por no estar a la altura de las expectativas de su pareja. Por eso una mujer que ame sus defectos y virtudes le permite mostrarse tal y como es y la naturalidad en todas las áreas de nuestra vida es una de las claves de nuestro compromiso con alcanzar nuestra mejor versión.

2. AMAN A LAS MUJERES DE CARNE Y HUESO.

Aman y admiran a las mujeres como tú, cómodas y seguras con lo que son pero con necesidades, vulnerables y auténticas.

Estas mujeres tienen la fortaleza para admirar a un hombre que, además de su gran masculinidad, reconozca que él también tiene sus propias necesidades.

3. AMAN A LAS MUJERES QUE COMPRENDEN QUE LOS HOMBRES TAMBIÉN LLORAN.

Ellos también tienen momentos de debilidad, también se derrumban.

Si tú como mujer has volcado toda la responsabilidad sobre él, será imposible que él se derrumbe sin culpabilidad.

En cambio, si reconoces en él su vulnerabilidad, tu fortaleza interna resurgirá con fuerza logrando un equilibrio y encontrará en ti su mejor apoyo.

4. AMAN A LAS MUJERES QUE CONFÍAN EN ÉL.

Aman que confíes en sus competencias, a pesar de sus errores, de sus fallos, de sus dudas.

La esperanza de un hombre es que conectes con su esencia, no con la imagen que hayas podido idealizar de él, que le admires pero reconozcas sus posibilidades de equivocarse.

Los hombres también tienen miedo al abandono, por ello si ven en ti una mujer capaz de entender sus quiebres, encontrarán el equilibrio, no verán competitividad en la pareja.

Un hombre maduro admira y valora la compañía de una mujer fuerte, que le empuje a ser todo lo mejor que puede llegar a ser, que le inspire a perseguir sus sueños porque ella tiene los suyos propios, que sus fortalezas compensen sus debilidades y viceversa.

Una mujer que deposite todas sus expectativas en su pareja es más posible que sea más quejica, reclame más, desconoce el valor y esfuerzo de alcanzar el éxito hasta en las pequeñas cosas y en vez de sumar a la relación, más bien resta.

5. Aman a las mujeres amigas y compañeras.

Quieren tener a su lado mujeres que, sin perder su feminidad, sepan resolver problemas comunes, no deleguen todas las cuestiones de la convivencia y asuntos en él, sino que formen un equipo.

Quieren una compañera de vida, no una mujer infantil e indefensa que reclame continuamente atenciones como forma de demostración de su amor hacia ella.

Una mujer que necesita un sobreprotector como pareja puede darles pena, compasión, pueden quererlas pero se acaban aburriendo.

Sólo un hombre que no ha madurado lo suficiente puede encontrar en este tipo de mujeres su compañera ideal, muy posiblemente busquen una madre o necesiten demostrar una aparente superioridad, tú y yo sabemos que eso conduce a relaciones de dependencia y no al verdadero amor.

6. Aman una mujer que sepa despertar el deseo y la pasión en él.

La pasión empieza en lo cotidiano, en tu día a día, en tu trabajo, en tu despertar, en tu tiempo libre, en el tiempo que dedicas a la limpieza de tu casa o a cocinar. La persona apasionada lo es en todo, reparte semillas mágicas de ilusión en todo lo que hace y allí por donde pasa.

Es sentir alegría y agradecimiento por la vida, te hace ser natural, alegre, vital. Desprendes fogosidad.

En la intimidad escondemos nuestra pasión por miedo a la vulnerabilidad, el miedo a ser lastimados cuando abrimos nuestro corazón y escondemos nuestras emociones al sentirnos demasiado expuestos.

La pasión tiene que ver con la intensidad y da miedo porque implica perder el control sobre uno mismo y es lo primero que desaparece en una relación que empieza a tener problemas, lo último que regresa y a veces ya no se recupera nunca.

La escondemos cuando nos sentimos dolidas, desilusionadas, enojadas, acumulamos resentimientos, no confiamos en el amor de la otra persona, no nos sentimos suficientemente atractivas, culpables, ansiosas, inseguras y ya no nos podemos relajar.

Mantener el deseo y la pasión vivos en la relación es fundamental para seguir creciendo juntos.

Querido lector ¿qué añadirías tú a estas conclusiones?

¿Qué amas tú de una mujer que no he resumido aquí?

Me encantaría recibir tus reflexiones y ampliar con ellas esta lista. Espero ansiosa tu valiosa aportación.

Y tú, mi querida lectora a lo mejor estás pensando que ya eras así y que a pesar de ello has tenido fracasos sentimentales, puedes hasta dudar de tu esencia.

Nunca, nunca dudes de ti, tus experiencias pasadas han sido sólo pequeños entrenamientos y las futuras a lo mejor también tienen esa misión, pero sólo desde tu Autoconocimiento sincero serás consciente de que tus necesidades van cambiando acorde con las diferentes etapas de tu vida, van evolucionando con tu propia evolución.

Dentro de tu autoconocimiento es fundamental que establezcas tus propios límites y los respetes, si no sabes ponerte límites a ti, no sabrás poner límites a tu pareja y toda relación de pareja por amorosa que sea necesita unos límites que respetar.

A la primera persona que debes amar es a TI, la fuente infinita del Amor Verdadero nace en ti y desde tu interior fluye como un río, riega a su paso allí por donde pasa, creando arroyos, riachuelos, incluso lagos y va aumentando su cauce hasta desembocar en el inmenso mar, en el Amor Universal.

DICE OPRAH WINFREY

***"Todos tropezamos,
es la vida diciéndote que debes cambiar de rumbo".***

Cosas que hacer en tu vida tengas la edad que tengas

Todos tenemos un día marcado para despedirnos de este mundo terrenal. Ese día a veces llega repentinamente, lo he vivido en estos días con una persona muy querida para mí.

Permíteme que le recuerde aquí, Baldomero Fernández, quien fue mi suegro por unos años pero muchos años después me demostró su cariño y amor genuino sin necesidad de etiqueta de parentesco que nos uniese.

Un hombre alegre y vital, cumplidor de sueños, amante de su familia y sus hijos y ejemplo de esposo fiel y enamorado. Formaba con su mujer Paz un matrimonio ejemplar, una inspiración para mí. Un domingo se fue a dormir y ya no despertó, se fue dulcemente. Gracias Baldo por tu amor y sincero hacia mi y mi hija, tu primera nieta.

Sin embargo, en otras ocasiones, nuestra despedida es más lenta, la muerte nos regala tiempo para que revisemos nuestra vida y reflexionemos si hemos sabido aprovecharla o hubiésemos cambiado algo.

Lamentable y paradójicamente ese análisis llega cuando pocas veces podemos rectificar y sólo podemos inspirar con nuestras conclusiones a quienes aún disfrutan de un indeterminado número de días, meses o años de bagaje por la vida.

Las personas que trabajan con enfermos terminales saben muy bien, lo han visto en sus pacientes, que al llegar ese momento surgen los arrepentimientos, sobre todo en ese momento único de despedir y repasar su vida lamentan aquello que no han hecho.

Ahora es el momento de evitar qué ese día llegue para ti y para mí, parece imposible que nada quede por hacer.

Siempre hay algo que sí pudimos pero tomamos conscientemente la decisión de hacer otra cosa o simplemente no hacerlo, pero hoy podemos cambiar nuestra visión de la vida, plantarnos y, como dice una canción, cambiar a "un sí" ese "yo no puedo".

La escritora Bronnie Ware, después de trabajar durante años en cuidados paliativos con enfermos terminales, dice haber transformado su vida con esta experiencia y recogió en un libro **"Los 5 principales remordimientos de los moribundos"** después de preguntarles acerca de las cosas que hubieran hecho de modo diferente en sus vidas.

A sus 5 conclusiones yo añado alguna más:

1."OJALÁ HUBIERA TENIDO EL CORAJE DE VIVIR UNA VIDA SIENDO FIEL A MIS SUEÑOS, NO A LA VIDA QUE OTROS ESPERABAN DE MI".

Este era el lamento más común de todos, la mayoría de la gente no había cumplido aún ni la mitad de sus sueños e iban a morir sabiendo que ello fue consecuencia de las decisiones que habían tomado durante su vida.

Es uno de los principios que yo he tratado de inculcarte a lo largo de estas páginas: "la vida no es sólo lo que nos han contado, puede ser la que tú crees en tu mente".

2. "Desearía no haber trabajado tan duro."

Interpreto esta afirmación como el haber dedicado demasiado tiempo a un trabajo que no les permitió disfrutar de la crianza de sus hijos, de su pareja o de aquellas cosas que le hubiesen permitido sentirse más feliz.

Si conviertes tu pasión en tu trabajo, ya no es trabajo y muy posiblemente te permita más tiempo de calidad para dedicar a los tuyos.

3. "Ojalá hubiera sido capaz de expresar mis sentimientos"

Estas personas tenían este arrepentimiento porque no fueron capaces de expresar sus sentimientos para así mantener la paz con los demás. Nunca se convirtieron en lo que eran realmente capaces de llegar a ser.

La posición contraria, es otro de nuestros principios: "no podemos dejar de agradarnos a nosotros mismos por agradar a los demás". No podemos controlar sus reacciones pero sí eres honesto contigo mismo te dirás la verdad y no te mentirás para no dañar al otro.

4. "Ojalá hubiera quedado en contacto con mis amigos"

Muchas personas se dan cuenta del valor real de los amigos a solo semanas de morir. La rutina, las vidas familiares que se van construyendo van dejando apartadas grandes amistades y es en el momento de la muerte cuando las extrañan.

Explica Bronnie que cuando te enfrentas a la muerte, los detalles físicos de la vida desaparecen, sí dejar determinados aspectos económicos arreglados por su familia, no por ellos, pero en la semana final todo se reduce al amor y las relaciones.

5. "Me gustaría haber sido más feliz".

Muchas personas no se dan cuenta hasta el final de que la felicidad es una opción, han permanecido estancados en viejos patrones y hábitos. El miedo al cambio les hizo justificarse en la aparente felicidad que proporciona la comodidad, el no asumir riesgos.

Nosotras sabemos que nuestra felicidad está en el progreso, en nuestro crecimiento en todas las áreas de nuestra vida, en convertirnos en una auténtica Mujer Verdadera y eso no se logra desde el conformismo y una vida rutinaria.

Nosotras nos levantamos con actitud positiva y nos vamos a dormir agradeciendo nuestro día, nosotras sabemos que no son las circunstancias ni las personas que nos rodean las que determinan nuestras emociones, sino como queremos percibir la realidad que vivimos, nosotras hemos aprendido a gestionar nuestras emociones, a obligarnos a ser felices sin motivo para lograr ser felices.

"No, nosotras no nos arrepentiremos de no haber intentado ser más felices, afortunadamente tenemos las herramientas para elegir la tan ansiada felicidad".

Aún así, aquí va otra lista de cosas a nuestro alcance que van a contribuir a llenar nuestra vida de experiencias enriquecedoras y que debemos hacer al menos una vez antes de morir.

1. VIAJA.

Viajar abre la mente, amplia perspectivas, conocimientos, otras formas de vida, otras culturas. El mundo es maravilloso para verlo con ojos de viajero, sintiendo lo desconocido.

Hay gente que se va de este mundo sin haber visto el mar, por ejemplo o sin viajar en avión, sin disfrutar de la inmensidad del primero o de la gratificante sensación de ver el mundo desde las alturas.

No es necesario viajar lejos, puedes tener la sensación maravillosa de experimentar y descubrir en la ciudad de al lado.

A veces nos alejamos miles de kilómetros de nuestra ciudad y tenemos lugares maravillosos por descubrir al lado, auténticos regalos para nuestros sentidos.

¿Alguna vez has paseado por el casco antiguo de tu ciudad, por ejemplo, admirando la belleza de sus edificios o sólo has visto lo que te encontrabas a pie de calle?

Sorpréndete, admira a tu alrededor las bellezas que nos rodean y que no advertimos porque nos obligamos a mirar siempre en la misma dirección. Mira tu ciudad como si fueses un viajero, un turista, mírala como haces con otras ciudades cuando las visitas por primera vez. Te sorprenderás.

2. VIVE UNA EXPERIENCIA DE SENTIMIENTO DE COMUNIDAD Y PERTENENCIA.

El ser humano, como social, no puede vivir aislado, necesita relacionarse con los otros.

Perteneciendo a un grupo, a un equipo de futbol, seguir una causa, cantar un himno, defender unos principios, hablar el mismo idioma te permite desarrollar ese sentimiento de unión y presencia que a la vez que te une a otros, te diferencia de lo común, de las masas sin ideales.

¿Quién no se ha dado un abrazo con un completo desconocido para celebrar el triunfo de tu equipo de fútbol por ejemplo?

¿Perteneces ya a alguno de nuestros grupos? En cada uno de ellos existe un sentimiento común que os identifica y diferencia de la mayoría que no sabe dónde ubicarse.

Descubrir el Amor dentro de ti es la base de todos ellos y tenemos que conseguir que el Amor sea el motor de nuestra vida y juntos inundar y contagiar de amor este mundo.

3. ENAMÓRATE.

El amor cambia las personas, cambia el mundo. Enamórate de otra persona, aunque no seas correspondido, enamórate de la vida, enamórate de ti misma, siente las maravillas de vivir enamorada, vital, positiva.

Cuando uno vive enamorado la vida adquiere belleza, tú ganas belleza, "un corazón contento hace un rostro bonito."

La vida se vuelve maravillosa, quieres exprimirla al máximo, hasta llegar un lunes al trabajo deja de ser aburrido cuando has disfrutado de un fin de semana amando la vida.

4. DESCUBRE LO EXTRAORDINARIO DE UN DÍA ORDINARIO.

En cada momento, en cualquier lugar puedes sentir la magia de la vida. Comparte con tu familia, tus amigos, convive con los tuyos, mírales desde el amor y valora su presencia en tu vida, cuánto te aportan, siente lo extraordinario de compartir hoy con tus seres queridos.

Disfruta la belleza de la naturaleza, de un paisaje bonito, es un regalo para los sentidos, míralo con amor, a nuestro alrededor el mundo es bello, ese recorrido que haces todo los días hasta llegar al trabajo, por ejemplo, es bello, atrévete a admirarlo y disfruta ese momento.

Tus amigos, tus seres queridos son fuentes de amor, están ahí todos los días y a menudo olvidamos lo grandioso de su presencia. Valórala todos los días de tu vida, no esperes a sentir su ausencia para extrañarles.

No te guardes un "te quiero", un abrazo, un "me gustas", un "cuánto te he echado de menos nunca más".

5. HAZ ALGO EXTREMO.

No tiene que ser nadar con tiburones o tirarte en paracaídas, hay cientos de cosas que salen de nuestra zona de confort, atrévete: una cita a ciegas, cambiar de país, divorciarte, viajar sola.

¿Qué es lo más extremo que has hecho en tu vida?

Vencer un miedo te hará sentirte valiente, poderosa. Todos tenemos miedo al rechazo, a pedir perdón, a decir un "te quiero", a hablar en público",. cada uno tiene sus propios miedos.

No te quedes con las ganas, te arrepentirás.
Haz esas cosas que deseas hacer pero el temor te para, el momento es ahora.

6. COMPITE EN ALGO.

Participa en actividades que te permitan competir, que te inciten a superar a otros superándote a ti. La sensación de ganar es extraordinaria, el esfuerzo y la superación propia son las mejores fórmulas de aumentar tu autoestima.

7. HAZ ALGO POR ALGUIEN.

Ayudar a otros da sentido a la vida, la contribución es la mayor recompensa y sentimiento de gratitud para ti.

Dentro de tus posibilidades, apadrina un niño, haz donaciones, crea una fundación.

Cuando haces feliz a otro, tú eres feliz. Deja tu pequeño o gran legado, transciende en tu vida.

8. PERDONA.

El perdón sincero es la mayor prueba de amor, tu mayor liberación. Descubre la magia de practicarlo y sentirlo. Puedes cambiar tu vida, no te vayas de este mundo sin haber perdonado y pedido perdón a quien tengas que hacerlo.

Fin de tu fiesta

Estamos llegando al momento de la despedida, muchos invitados ya se han ido y los demás están despidiéndose.

Ha sido una velada preciosa, no ha sido un sueño, todo lo que has vivido e imaginado es posible para ti, lo has creado tú.

Cada una de vosotras ha diseñado su propio ideal de vida, cada una tiene sus propios sueños, sus aspiraciones, pero todas y cada una de nosotras podemos alcanzarlos si ponemos todo nuestro empeño en ello y apartamos los obstáculos que la vida y nuestra mente nos pondrán en el camino.

Solemos decir que las personas no cambian, que somos como somos y que hay que aceptarlo así. Tú sabes que es posible evolucionar, tú has evolucionado como persona, no te creas lo que los demás, quienes te conocían antes, piensen de ti.

Han construido una imagen de ti conforme a quien conocían

y es muy difícil cambiar esa imagen que han guardado codificada en su cerebro, se queda almacenada e invariable porque el esfuerzo de cambiarla es mucho mayor, cuando acuden a ti es precisamente para afianzar esos datos, no para cambiarlos.

Encontrarás en nuevas compañías, que reconocerán en ti tu nueva versión, el reconocimiento, comprensión y aceptación por quién eres ahora, no quien fuiste en un pasado y podrás seguir siendo tú misma, la persona que eres y has venido a ser a este mundo.

Tú has hecho uso de uno de los mayores poderes que se te otorgó al nacer, poder elegir, el libre albedrío, esa capacidad de seleccionar para ti qué quieres sentir, qué quieres ser, qué quieres tener o hacer, ese poder de decisión sobre ti es el mayor regalo que Dios, el Universo, quién tú quieras nos ha proporcionado.

Durante un tiempo estuviste perdida, habías olvidado ese poder de Elección, creíste lo que otros que también olvidaron el suyo te contaron que era la vida.

Lo has recuperado y ahora no lo vas a soltar, es tuyo, úsalo, disfruta de tu privilegio, es un poder ilimitado, hay para todos.

Ahora que te has convertido en una Mujer Verdadera no desvíes tu ruta, sigue el llamado de tu Alma todos los días de tu vida y llegarás a tu destino, ese que tú misma has sabido crear para ti.

Regálate cada día de tu vida el SER y ESTAR para ti y los que te acompañen en tu viaje de vida. No te distraigas, vive, siente, ríete a carcajadas, abraza, celebra tus éxitos, ama, agradece, sigue soñando, vibra, come rico, baila, conecta y BRILLA, nunca dejes de brillar.

Todo lo que hace vibrar tu corazón, todo aquello en lo que pongas tu pasión y energía, te encontrará, te abrazará, se multiplicará para ti.

Y el día que menos lo esperas
aparece un hombre distinto a todo lo que has conocido.

Fiel, leal, íntegro, noble, educado, generoso.

Un hombre que sólo tiene ojos para ti.

Que te demostrará con hechos que se preocupa por ti y todo lo que te importa.

Que te trata como su pareja en igualdad de condiciones.

Que le encantan tus manías,

Que te hace flotar cada noche.

Un hombre que te dice que no tienes que cambiar nada de ti, que así como eres, para él eres perfecta.

Un hombre que parece hecho a medida para ti.

Que no inventará excusas para no estar contigo.

Un hombre que te demostrará todos los días que el Amor sí existe y vale la pena.

Ese día entiendes por qué no ha llegado antes a tu vida.

Es difícil despedirme de ti y me siento muy afortunada de conocer a alguien de quien me cueste tanto separarme, has llenado de luz e ilusión mi vida en los últimos meses, no me conocías y yo ya escribía y pensaba en ti.

Una vez leí que las despedidas son sólo para aquellos que aman con los ojos porque para los que aman con el corazón y el alma no existe eso de la separación y yo he sentido que mi alma estaba conectada con la tuya.

No sé desde dónde ni cuando regresarás, sí sé que te estaré esperando y allí donde estés mientras, te llevaré en mi corazón.

No puedo evitar sentir cierta tristeza, mi corazón se prepara para vivir un anhelo y a la vez con mis últimas líneas me entrego a ti, esta despedida es también un nuevo punto de partida, un nuevo comienzo.

Me despido para darte la bienvenida.

Te echaré de menos hasta que nos encontremos de nuevo y será en un mundo mejor porque las dos, tú y yo, hemos estado en él.

Nunca olvides que alguna fuerza suficientemente grande una vez nos acercó y nos permitió recorrer todo este camino juntas, hemos crecido y evolucionado de la mano y volverá a unirnos.

Gracias, gracias, gracias. Eres Amor.

Te Amo. Rocío Sánchez

MI CONTRIBUCIÓN ES TU CONTRIBUCIÓN.

Soy afortunada, increíblemente afortunada de haber convertido mi pasión en profesión y con tu ayuda contribuyes a que mi sueño siga creciendo, por ello dono el diez por ciento de los beneficios de estos libros a una fundación.

Tú lo haces posible, tu aportación llega a otros en este momento más desfavorecidos. Siéntete feliz de contribuir a ello.

Si crees que con mis libros puedes ayudar a alguien a vivir una vida mejor, por favor házselo saber, creemos entre todos un mundo de Amor, inundemos el mundo de Amor, se contagia, se multiplica, siembra semillas de Amor dentro de ti y recibirás más Amor.

Estoy tan orgullosa de ti, con tu ayuda más personas experimentarán el cambio que tú ya estás sintiendo, un mundo mejor es posible y tú has contribuido a ello.

No te pido que regales tus libros, guárdalos contigo siempre por favor, es suficiente un comentario en Amazon, ayudarás a otras personas con tu valiosa opinión.

Gracias, gracias, gracias. Te veo en las redes sociales.

TE AMO.

Rocío Sánchez

LA VOZ DE TU
ALMA
LAIN
LA VOZ DE TU ALMA
LAIN

Existen personas capaces de transformar el Mundo, han nacido con esa misión y han entendido que el Mundo sólo cambia cuando nosotros, los seres que habitamos en él alcanzamos la mejor versión de nosotros mismos.

Una de esas personas es Laín García Calvo.

La vida lo desafió, lo puso a prueba a muy temprana edad, le hizo superar enormes obstáculos, a punto estuvo de rendirse, no sabía en ese momento que le estaba preparando para tocar el Alma de millones de personas y transformar su vida para siempre.

Entendió que existe otra forma de vivir esta vida que sólo unos privilegiados conocían, que el éxito, la felicidad, es posible para todos, una vida contraria a lo que opina la mayoría, a los que no creen.

Y se propuso compartir su descubrimiento con el mayor número de personas de una manera activa, a través de sus libros, la Saga Best Seller *"La Voz de Tu Alma"* y su Evento multitudinario *"Vuélvete Imparable"*.

Yo he tenido la inmensa fortuna de ser una de esos privilegiados que un día le descubren y aunque ya te he hablado acerca de él y de sus libros no podía despedirme de ti sin recomendarte su obra y agradecerle desde lo más profundo de mi corazón que haya transformado mi vida y la de los que me rodean.

¡¡¡GRACIAS, GRACIAS, GRACIAS, LAÍN!!!

¡¡¡MILLONES DE GRACIAS!!!

Mi paso por este mundo hubiese sido vacío si no hubiese llegado a conocerte, nunca hubiese creído en mí y en que los sueños se cumplen. Tú sí.

Has logrado que encontrase dentro de mí aquello que me impedía vivir en plenitud, años he estado dando tumbos por no saber escuchar mi Alma, hasta que tú llenaste mi día a día de luz y esperanza.

Has cambiado mi vida para siempre y lo has hecho activamente, de hecho éste libro no habría ni tan siquiera sido escrito de no ser por tu generosidad al ayudarme a descubrir mi verdadero propósito de vida y acompañarme durante todo el proceso.

Ha sido un orgullo para mí ser tu alumna, me he sentido tan privilegiada de contar con tu apoyo, tus ánimos y tus enseñanzas que no creo que exista palabra capaz de expresar tanta gratitud hacia ti y tu misión en este Mundo.

Tu sueño de inundar el mundo de Imparables se está cumpliendo, el mundo está cambiando gracias a ti. Millones de personas están aprendiendo a escuchar *"La Voz de su Alma"*

Eternamente Agradecida.

Eres Amor. Te Amo.

Rocío Sánchez García

Printed in Great Britain
by Amazon

74913619R00122